Lutz Scheufler

10x besser leben

soli deo gloria S.D.G.-Verlag

Lutz Scheufler

10x besser leben

Zehn Predigten
zu den biblischen Geboten

Dieses Buch widme ich meinen Kindern
Daniel, Katharina, Benjamin, Philipp und Richard.

Titel: 10x besser leben!

Autor: Lutz Scheufler

1. Auflage 2004

www.sdg-verlag.de

soli deo gloria S.D.G.-Verlag

Layout: rasani.design, Leipzig (www.rasani.de)
Druck: Color-Druck, Zwickau
ISBN 3-930868-03-2
Best.-Nr.: 819.817

Wie viele Götter braucht der Mensch?

Das erste Gebot – Teil I

„Ich bin der Herr, dein Gott, der ich dich aus Ägyptenland, aus der Knechtschaft, geführt habe. Du sollst keine anderen Götter haben neben mir.“
2. Mose 20, 2-3

Ein Junge gehört zur Gattung der Jäger und Sammler. Der sammelt alles, was er findet, in seiner Hosentasche. Einmal entdeckt er auf einer Baustelle einen merkwürdigen weißen Steinbrocken. Auch dieser kleine Steinklumpen verschwindet in seiner Hosentasche. Gleich danach spielt er mit seinen Freunden im Dorfteich und watet durch das tiefe Wasser. Plötzlich fängt er mörderisch an zu schreien: *„Hilfe, mein Bein brennt!“* Die Freunde halten ihn für verrückt. Mitten im kühlen Wasser kann das Bein doch nicht brennen. Der Kleine schreit weiter: *„Es brennt…!“* Tatsächlich, am Oberschenkel zeigt sich eine Brandwunde und er muss zum Arzt. Der seltsame Steinbrocken war gebrannter, ungelöschter Kalk. Wenn ungelöschter Kalk mit Wasser zusammenkommt, dann setzt ein intensiver zischender chemischer Prozess ein und dabei wird es mächtig heiß. Dabei wird es so heiß, dass man sich verbrennt.

So ähnlich ist es auch, wenn die Gebote Gottes mit Menschen in Kontakt kommen, die ohne Gott leben. Wenn der Wille Gottes mit Menschen zusammenkommt, die seinen Willen nicht tun, wird es heiß. Da verbrennen sie sich nicht nur die Finger. Deshalb ist es gefährlich, wenn wir uns mit den Geboten beschäftigen. Bevor wir das tun, müssen wir unseren Standpunkt klären. Wer der Meinung ist, die Gebote habe ich immer und ohne Probleme gehalten, wird sich verbrennen. Wer der Meinung ist, ich lebe, wie ich will, die Gebote interessieren mich nicht, wird sich verbrennen.

Wer aber zum Kreuz geht, an dem Jesus wegen der Gottlosigkeit der Menschen umgebracht wurde, der wird sich nicht die Finger verbrennen. Weil Jesus für alle Gesetzesbrüche gestorben ist, kannst du bei ihm entdecken, dass die Gebote Gottes aus Liebe gebacken sind. Denn wer Jesus ansieht, wie er am Kreuz hängt, wird begreifen, dass Gott nur Liebe im Sinn hat. Und aus Liebe hat er die Gebote den Menschen ins Herz und in die Bibel geschrieben. Vom Kreuz aus kannst du dich getrost an die Gebote wagen, dann wirst du dich nicht verbrennen.

Ich will jetzt zum ersten Gebot sprechen. Das steht im 2. Buch Mose, Kapitel 20. Gott sprach *„Ich bin der Herr, dein Gott, der ich dich aus Ägyptenland, aus der Knechtschaft geführt habe. Du sollst keine anderen Götter haben neben mir."* Ist das nicht eine steile Forderung, gleich im ersten Gebot? *„Du sollst keine anderen Götter haben neben mir"*, das ist vielen zu viel. Derartige Ansprüche machen doch misstrauisch. Wer solche Forderungen stellt, macht sich doch unsympathisch. Wenn einer kommt und sagt: *„Ich bin der Einzige, der etwas von Computern versteht, und alle anderen sind Dummköpfe"*, dann kann ich ihm das bestätigen, was mich betrifft. Denn ich habe wirklich nicht viel Ahnung von Computern. Aber auch wenn ich keine Ahnung von Computern habe, traue ich einem Typen mit solchen Sprüchen und Ansprüchen, der keinen neben sich duldet, nicht über den Weg. Und wie ist das nun bei Gott? Sollten wir Gott bei solchen Ansprüchen auch nicht über den Weg trauen? Hat Gott denn so ein Gebot überhaupt nötig? Gott bricht doch nicht ein einziger Zacken aus der Königskrone, wenn neben ihm ande-

re auch noch ein bisschen Gott spielen. Der große Gott, der das Universum erschaffen hat, der dürfte für so eine kindische Götterfabrik neben sich doch nur ein müdes Lächeln übrig haben. Gott hat doch keinen Monopolschutz nötig. Wenn vielleicht viele auch so denken, Gott denkt anders, denn Gott ist eben Gott. Bei Gott entdecke ich hier kein erhabenes Lächeln. Bei ihm entdecke ich kein verzeihende Geste. Hier gibt es nur eine Forderung: *„Du sollst keine anderen Götter neben mir haben."* Und das fordert Gott wegen dir. Gott denkt nämlich bei dem ersten Gebot nicht an seinen Nachteil, sondern an deinen Vorteil. Hier wird nämlich seine Liebe deutlich.
Wer liebt, hat es nicht mehr nötig, nur an sich zu denken. Und weil Gott die Liebe ist, deshalb denkt er nur an dich. Wenn Gott dir die anderen Götter verbietet, dann ist das dein Vorteil. Wenn ich meinem Kind verbiete, die ganzen Naschereien zu Weihnachten aufzuessen, dann will ich seinen Vorteil, weil ich es liebe.
Mir geht es da nicht nur um den vollgekotzten Teppich, sondern vor allem um die Magen- und Zahnschmerzen, die mein Kind bekommt, wenn ich diese Fressorgie zulasse. Und so ist das auch beim besten Vater den es gibt, bei Gott! Gott weiß, wie angeschmiert seine Kinder sind, wenn sie sich einmal auf die anderen Götter eingelassen haben. Er kennt die Götter und er kennt sie gründlicher als wir Menschen. Wenn du einmal unter ihren Einfluss kommst, wirst du ausgezogen, vergewaltigt und kaputt gemacht. Und am Schluss lachen die Götter dich aus. Wenn du merkst, dass du betrogen bist, bist du bereits in ihrer Gewalt. Dann haben sie dich im Griff. Diese Götter werden häufig in drei Gruppen eingeteilt und dann gibt es dementsprechende Aufzählungen in Götterkatalogen. In der ersten Spalte steht als Überschrift *„Die Welt"*. Und darunter stehen dann Geld, Handy, Klamotten, Auto und Ansehen. Das kann alles zum Gott werden. An zweiter Stelle werden Menschen aufgezählt, die vergöttert wer-

den. Die Freundin, Musikstars, die Ehefrau oder die eigenen Kinder stehen in dieser Auflistung. Und der hartnäckigste Gott ist das eigene ICH. Wir glauben an ICH! Die ICH-AG wird angebetet. Selbstverwirklichung um jeden Preis und ohne Rücksicht auf Verluste ist da angesagt.

Solche Aufzählungen finde ich rührend naiv. Als gäbe es überhaupt etwas in unserem Leben, was sich nicht zum Gott aufspielen könnte. Vom Audi über Briefmarkensammlung, Doktortitel und Sport, bis zum viereckigen Wohnzimmergott, dem Fernseher, kann doch alles vergöttert werden. Woran dein Herz hängt, das ist dein Gott. Und dazu sagt die Bibel: Das ist Ägypten, das ist Sklaverei! Götter sind für den Menschen noch nie etwas anderes gewesen als Sklavenhalter. Erst spiegeln die Götter dir die große Freiheit vor und wenn du ihnen vertraust, dann merkst du es allmählich und meistens erst hinterher, dass du betrogen wurdest. Erst wird mit den großzügigsten und freizügigsten Angeboten gelockt und dann drehen sie den Spieß um und du bist ihr Sklave.

Das ist wie bei den mutigen Kindern, die den Fuchs jagen wollen, weil der im ganzen Umkreis allen Hühnern das Fürchten gelehrt hat. Also gehen die Kinder zum Fuchsbau. Der schmalste von ihnen kriecht in den Fuchsbau hinein und ruft nach kurzer Zeit: *„Ich hab ihn, ich hab ihn!“* Aber kaum zwei Sekunden später heult er: *„Er hat mich, er hat mich!“* So geht das auch mit dem Götzen. Erst wird gefeiert: *„Ich hab ihn!“* Und dann, nicht gleich Sekunden später, aber oft Stunden oder Jahre und Jahrzehnte später nimmt man schmerzlich zur Kenntnis: *„Er hat mich!“* Sehr deutlich wird das zum Beispiel bei den Drogen. Die Droge Nummer eins ist der Alkohol. Wie viele haben in ihrer Jugendzeit angegeben, was und wieviel sie getrunken und verkraftet haben: *„Ich hab's gepackt.“* Und Jahre später müssen sie erkennen, dass der Alkohol sie gepackt und ihr Leben und das Leben anderer Menschen ruiniert hat.

Ich las von einem Geschäftsmann, der bekannte: *„Früher dachte ich, ich habe eine Firma. Heute weiß ich, die Firma hat mich.“*

Ich muss euch unbedingt von einem Geschäftsmann erzählen, der das auch erkennen musste. (LUKAS 18, 18 FF) Er war so um die vierzig, ein angesehener Bürger seiner Stadt und auch darüber hinaus bekannt. Er hatte die American-Gold-Card einstecken. Er konnte sich alles leisten, wovon andere nicht mal träumten. Und er hatte eine gute religiöse Erziehung bekommen. Er saß in der Kirche. Wusste, wann man aufstehen und sich wieder setzen musste. Er gehörte sogar zum Kirchenvorstand. In die Kollekte steckte er nicht nur einen Knopf. Er ließ sich auch nicht nur in der Weihnachtszeit mit einem großen Scheck für die Zeitung fotografieren. Er hat das ganze Jahr über Knete locker gemacht. Für gute Zwecke natürlich. Aber ihm fehlte noch was. Der Mann war nicht glücklich.

Vor einigen Jahren stand folgende Schlagzeile in einer großen deutschen Tageszeitung: *„Millionär nahm sich das Leben“*. Und klein darunter war zu lesen: *„Weil er nichts hatte, wofür es sich zu leben lohnte.“* Wer weiß, wo dieser Millionär überall schon gesucht hat, bevor er sich das Leben nahm. Er war an die falschen Leute geraten. Wer weiß, wo unser gut betuchter Kirchvorsteher überall schon gesucht hat und nie glücklich wurde. Er war immer an die falschen Leute geraten. Jetzt geht er aber zu Jesus. Und nun fragt er Jesus: *„Was muss ich Gutes tun, um das ewige Leben zu bekommen?“* Ewigkeit bedeutet, dass du mit Christus ewig leben kannst, auch über den Tod hinaus, weil Jesus den Tod besiegt hat, weil er lebt. Aber es bedeutet auch, dass dein Leben jetzt eine ganz neue Qualität bekommt. Jesus sagt: *„Wer an mich glaubt, der hat das ewige Leben.“* Der Mann fragt also nach den Kosten für so ein Leben. Was ist der Preis? Und Jesus antwortet: *„Du kennst doch die Gebote: Du sollst nicht ehe-*

brechen; du sollst nicht töten; du sollst nicht stehlen; du sollst nicht falsch Zeugnis reden; du sollst deinen Vater und deine Mutter ehren." Er soll also dem anderen das Leben und das Eigentum, die Ehe und die Ehre nicht kaputt machen. „*Das habe ich immer getan*", sagt der Mann. „*Ich habe was aus meinem Leben gemacht. Ich bin doch ein guter Christ. Gott muss doch ganz zufrieden mit mir sein.*" Weißt du, der Mann war gottlos, obwohl er diese Gebote gehalten hat. Er war praktisch ein Atheist. Warum? Das wirst du jetzt gleich sehen. „*Was muss ich denn noch tun?*", will der Mann wissen. Und jetzt kommt der Hammer. Jesus sagt: „*Es fehlt dir noch eins: Verkaufe alles, was du hast, und gib es den Armen, so wirst du einen Schatz im Himmel haben, und komm, folge mir nach.*"

Mit der Selbstgerechtigkeit ist es bei dem Mann sofort aus, als Jesus ihm die Eintrittskarte in seine Mitarbeitermannschaft vor die Nase hält. Als er den Weg zum Himmel eröffnet, nennt Jesus den Preis. Das ist übrigens nur der Preis für diesen Mann. Das ist nicht der Preis für jeden Menschen. Du musst nicht mit Unterhosen bekleidet in die Schule oder in deine Firma gehen, weil du alles verkauft hast, um zu Jesus zu gehören. Jesus geht auf jeden persönlich ein. Der Kerl aus der Geschichte in der Bibel hing nämlich mit seinem ganzen Herz an seinem Geld. Er war gefangen. Ein Gefangener seines Gottes. Nicht er hatte das Geld, sondern das Geld hatte ihn. Sein Gott war sein Geld. Und sein Gott konnte ihm die Frage nach dem Sinn des Lebens nicht beantworten, deshalb blieb seine Suche bisher erfolglos. Deshalb sagt Jesus: Tu diesen falschen Gott weg! Alles verkaufen! Rausschmiss! Hier musst du natürlich das einsetzen, woran du fest hängst. Das muss nicht das Geld sein, das du auf deinem Konto hast. Es kann ja auch das Geld sein, das du gern haben möchtest. Und Jesus sagt: „Tu es weg!"

Das können die Drogen sein. Manche legen ihr Geld lieber in Alkohol an, weil es da mehr Prozente als auf der

Bank gibt. Und Jesus sagt: „Tu es weg!“ Andere leben ihre Selbstverwirklichung gnadenlos aus. Sie danken dem Schöpfer nicht für ihre Gaben. Und wollen auch anderen mit ihren Gaben keine Freude machen. Und Jesus sagt: „Tu die Selbstbespiegelung weg!“

Zurück zu unserer Geschichte. Der Mann sagt: *„Ich habe die Gebote gehalten“* und merkt aber nicht, dass er das erste Gebot völlig übersieht. Den hat das erste Gebot überhaupt nicht interessiert. Denn dort steht: *„Ich bin der Herr dein Gott; du sollst keine anderen Götter haben neben mir.“* Der hat die Gebote, die den Nächsten betreffen, befolgt. Er ist ein guter Humanist. Aber er ist kein Christ. Das Gebot, wo es um Gott geht, hat ihn nicht interessiert. Gott hat nicht den ersten Platz, die Führungsposition in seinem Leben. Er sagt sich: Es reicht doch aus, wenn ich ein guter Mensch bin! Jesus reicht das nicht. Und deshalb nennt Jesus den Preis. Diesen Preis verlangt er aber nicht nur von dem Mann, sondern von jedem Menschen. Das ist der Preis, der schon am Anfang der Bibel von Gott im ersten Gebot verlangt wird. Das ist der Preis der totalen Lebensübergabe. Der Mann will das ewige Leben, aber er will Jesus nicht sein ganzes Leben geben. Jesus will aber jeden Menschen zu 100 Prozent und in der Nachfolge! Wenn dir jemand einredet, ein Leben mit Jesus sei kostenlos, dann ist das eine Lüge. Das hat auch der junge Mann begriffen. Er muss sich entscheiden. Er hat die Freiheit der Entscheidung, meint er.

Wenn man die alten Griechen fragte, was Freiheit ist, hatten die eine nette Geschichte parat: Herkules wandert einen Weg entlang. Er kommt an eine Weggabelung. Rechts und links erwartet ihn jeweils eine attraktive Dame. Die Dame auf der linken Seite verspricht ihm Luxus. Die zur Rechten verspricht Ruhm. Das Entscheidende ist nun: In dem Augenblick, bevor Herkules sich entscheidet, steht er noch auf Niemandsland. Er gehört nicht nach links und nicht nach rechts. Er gehört sich selbst. So versteht der Grieche Freiheit. Die Bibel sieht das völlig anders. Im biblischen Denken gibt es keinen Punkt, wo der Mensch auf Niemandsland steht und sich selbst gehört. Der Mensch ist von vorn herein auf dem falschen Weg. Er ist verloren. Der Mensch ist von Gott getrennt und wird von Götzen beherrscht. Und damit sich das ändert, ist Jesus am Kreuz gestorben. Nur Jesus kann dich vom falschen Weg runterholen. Aber das musst du auch wollen, also dich dafür entscheiden. Und damit du die Freiheit genießen kannst, deshalb steht das erste Gebot in der Bibel. Viele Leute denken heute: Die zehn Gebote sind nichts weiter als Gitterstäbe, die uns einsperren und von allem Schönen fernhalten wollen. Das stimmt aber nicht, die große Überschrift über den Geboten heißt FREIHEIT! In den zehn Geboten wird Freiheit proklamiert. An der Eingangstür der zehn Gebote stellt Gott sich als der Befreier vor. *„Ich habe euch aus Ägypten befreit"*, sagt er dem Volk Israel. Eben waren die Israeliten noch Sklaven, hatten also ein *„S"* auf dem Rücken. Dann hat Gott sie befreit und ihnen ein Land versprochen. Und jetzt kommt's! In der Freiheit hat Gott ihnen zehn Regeln gegeben, damit sie weiterhin frei bleiben. Damit sie nicht wieder Sklaven werden. Damit nicht neue Mächte, Dinge, Menschen, Religionen und Ideologien sie in neue Abhängigkeiten führen. Und damit ihr nicht wieder versklavt werdet, deshalb haltet euch an die Gebote. Da frage ich mich, wenn Gott den Menschen Freiheit anbietet, warum greifen wir dann nicht mit beiden Händen zu?

Beim Volk Israel gab es Tage und Wochen, wo sie weinten, weil Gott ihnen die Freiheit gegeben hatte. Sie wollten zurück nach Ägypten in die Sklaverei. Der reiche Mann, der alles verkaufen sollte, ging von Jesus weg, weil er sein Geld mehr liebte als Jesus. Die Reichen und die Armen in Europa nehmen Gottes Angebot nicht an, sonst wären die Gottesdienste überfüllt. Warum ist das so? Liebt der Mensch vielleicht die Sklaverei mehr als die Freiheit? Es ist schwer, die Götter von ihrem Sockel zu stürzen. Es geht eben nicht so leicht wie in einem Text von Matthias Claudius, wo es heißt *„Hau deine Götzen mutig um, es sei Gold, Wollust oder Ruhm."* So einfach ist das nicht, und aus eigener Kraft schaffst du es gleich gar nicht. Aber bei Jesus bekommst du Hilfe. Denn im ersten Gebot geht es wie bei Jesus um deine Rettung. Das ist das große Thema der Bibel! Die Bibel warnt dich vor den Göttern, die dich nur in die Tiefe ziehen.

Als die Spanier das Reich der Azteken eroberten, mussten die spanischen Truppen aus der belagerten Stadt Mexiko flüchten. Beinahe wäre es unter den plündernden Soldaten noch zum Streit um den Schatz der Azteken gekommen. Ihr Heerführer Cortez warnte sie. Er sagte: *„Wer in der finsteren Nacht am leichtesten reist, der reist am sichersten!"* Einige Soldaten wollten es besser wissen. Sie beluden sich mit Schmuck und steckten Goldbarren in Gürtel und Stiefel. Sie schleppten kostbare Gefäße mit. Unterwegs verloren sie keuchend den Anschluss und kamen in den Kämpfen um. Andere ertranken in den sumpfigen Wassergräben, die Mexiko umgaben. Die schweren Schätze zogen sie in die Tiefe. Und damit dir das mit deinen Göttern nicht passiert, deshalb steht am Anfang der Bibel das erste Gebot. Und das erste Gebot steht dort, weil Gott dich liebt.

Liebe Freunde, es gibt zwei Dinge, die sind grenzenlos: Die Dummheit des Menschen und die Liebe Gottes. Und dass die Liebe Gottes grenzenlos ist, das ist dein Glück. Deshalb vertraue ihm doch dein Leben an.

Mit Gott auf unsrer Seite

Das erste Gebot – Teil II

„Du sollst dir kein Bildnis noch irgendein Gleichnis machen, weder von dem, was oben im Himmel, noch von dem, was unten auf Erden, noch von dem, was im Wasser unter der Erde ist: Bete sie nicht an und diene ihnen nicht! Denn ich, der Herr, dein Gott, bin ein eifernder Gott, der die Missetat der Väter heimsucht bis ins dritte und vierte Glied an den Kindern derer, die mich hassen, aber Barmherzigkeit erweist an vielen Tausenden, die mich lieben und meine Gebote halten."
2. Mose 20, 4-6

In der Weihnachtskrippe einer Kirche fehlt der Joseph. Die Küsterin ist schockiert, kann sich aber erst später darum kümmern, weil gleich der Gottesdienst zum vierten Advent beginnt. Nach dem Gottesdienst kommt sie wieder an der Krippe vorbei und sieht, dass jetzt auch noch die Maria fehlt. Sie holt sofort den Pfarrer. Als der kommt, entdeckt er in der Krippe einen kleinen gelben Zettel. In Kinderschrift steht darauf: *„So Jesus, dass du klar siehst: Wenn ich das blaue Fahrrad zu Weihnachten nicht kriege, siehst du deine Eltern nie wieder."*

Bei Kindern kann man ja manchmal schmunzeln, wenn sie davon reden, wie sie sich Gott vorstellen. Wenn Jugendliche und Erwachsene sich im Glauben kindisch gebärden, wird es lächerlich. Und wenn sie sich dann ihre Gottesvorstellungen so zurechtbasteln, wie sie Gott denn gerne hätten, wird es gefährlich. Darum geht es im zweiten Teil des ersten Gebotes. Dort steht nämlich: *„Du sollst dir kein Bildnis noch irgend ein Gleichnis machen,* *weder von dem, was oben im Himmel, noch von dem, was unten auf Erden, noch von dem, was im Wasser unter der Erde ist."*

Lutheraner und Katholiken zählen dieses Gebot nicht extra. Es geht heute sozusagen um das Gebot 1,5. Bei einer Jugendwoche fand ich folgende Frage im Fragekasten: *„Wie kann man ein Bild von Jesus gut heißen, wenn dies doch die Bibel in den zehn Geboten untersagt? Es steht dort, dass man sich kein Bild vom Göttlichen machen soll."*

Manche denken, es geht hier um einen gesichtslosen und geschichtslosen Gott, über den man nicht viel sagen kann. Wer das gerne so hätte, der ist schon voll in die Falle gelaufen, denn damit hat er sich auch ein Bild gemacht. Um Klarheit zu bekommen, müssen wir uns erst mal bewusst machen, in welcher Situation Gott das Gebot denn gesagt hat. Sonst denkt jeder gleich, wir dürfen keine Fotos von der Schöpfung machen, keine Bilder vom Gekreuzigten aufhängen und, und, und. Du musst wissen, dieses Gebot war ganz frisch geschrieben und noch nicht veröffentlicht worden, da wurde es nämlich schon gebrochen. Und wenn du fragst, ob dieses alte Gebot von Gott für uns heute noch aktuell ist, dann kannst du das nur kapieren, wenn du ganz genau hinschaust. Es ist nämlich wichtig, zu wissen, in welcher geschichtlichen Situation Gott das Gebot rausgegeben hat! Im ersten Teil des ersten Gebotes ging es um die Freiheit. Die hat Gott geschenkt. Gott hatte gesagt: *„Ich bin der Herr dein Gott, der dich aus Ägypten geführt hat. Du sollst keine anderen Götter haben neben mir."* Im zweiten Teil geht es nun um das Navigationssystem. Damit das Volk in der Freiheit den richtigen Weg finden kann. *„Du sollst dir kein Bild von Gott machen und es nicht anbeten."* Das Volk Israel ist von Mose aus Ägypten geführt worden. Mit Freiheitsliedern auf den Lippen sind sie ausgezogen. Die Sklaverei haben sie mit Gottes Hilfe abgeschüttelt.

Gott hat sie gerettet und geführt. Aber jetzt leben sie in der Wüste. Für einige Tage ist das sehr interessant und erholsam. Du nimmst Wasser, Brot und Fleisch mit und genießt die Stille, den Sternenhimmel und das Essen. Wenn du aber Wochen und Monate in der Wüste zubringen musst, dann hört der Spaß bald auf. Da ist es so heiß, dass du nicht mal mehr schwitzt, weil der Schweiß sofort verdunstet. Wenn du zu wenig getrunken hast, dann merkst du es nicht zuerst am Durst, sondern an den Kopfschmerzen. Und wenn du barfuß gehst, dann hast du dir nach zehn Metern die Fußsohlen verbrannt. Ich habe mal in der Wüste Namib gestanden. Das ist die älteste Wüste der Welt. Und mein Wüstenführer hat mich gefragt: „*Was ist Wüste?*" Der wollte von mir eine Definition hören. Ich wusste natürlich keine. Er erklärte mir: „*Wenn an einem Ort 30 Prozent mehr Verdunstung als Niederschlag ist, dann wird dieser Ort zur Wüste.*" In so einer Wüste stand auch das Volk Israel. Aber nicht nur äußerlich, sondern auch innerlich. Innen drin war auch Wüste. Ihr Glaube war verdunstet. Sie konnten Gott nicht mehr vertrauen. Sie konnten nicht mehr darauf vertrauen, dass Gott sie in der Freiheit führt. Da gibt es plötzlich Fragen. Diese Fragen kommen, wenn du in die Krise kommst. In die Arbeitslosigkeit. In die Finanznot. In die Krebsklinik. Führt Gott mich denn noch? Auch in den Israeliten bohrten so viele Fragen. Hat Gott uns wirklich in die Wüste geführt? Wer führt uns aus der Wüste wieder raus? Genau diese wüste Situation treibt einen Menschen dazu, dass er anfängt sich von Gott ein Bild zu machen. Es ist nicht die künstlerische Ader. Es ist nicht die Langeweile. Es ist nicht der Spieltrieb. Es ist die Ungewissheit! Es ist die Not, in die jeder Mensch kommen kann. Es ist die Not, dass du nicht mehr weiterweißt. Dann fängt der Mensch an, sich von seinem Gott ein Bild zu machen. Denn in der Not ist der unsichtbare Gott das größte Problem! Das Volk hatte zwar am Tag die

Wolkensäule und in der Nacht die Feuersäule, aber Gott ist und bleibt unsichtbar. Und wer will denn garantieren, dass die Säulen Zeichen Gottes sind? Diese Zeichen kann man doch auch falsch deuten. Es kann ja auch eine Fata Morgana in der Wüste sein.

Und außerdem, was wir bisher mit Gott erlebt haben, das kann ja auch alles Zufall gewesen sein. Dazu kommt dann noch, dass gerade in solchen Zeiten manche Medien, wie die Zeitschrift *„Der Spiegel"*, davon schreiben, dass ein bestimmter Teil des menschlichen Gehirns für die Gottesvorstellung zuständig ist. Gott ist eine Erfindung des Gehirns. Im Gehirn bastelt sich der Mensch sein Bild von seinem Gott zusammen. Gott ist also ein Spiegelbild unserer Wünsche und Vorstellungen.

Diesem *„Spiegel"*-Artikel widersprach die Entwicklungshelferin Margrit Stebner. Sie arbeitete als Christin in Afghanistan und kam 2002 unter den Taliban ins Gefängnis. Das war eine schlimme Wüstensituation. Über 100 Tage unter unmenschlichen Haftbedingungen und mit angedrohter Todesstrafe musste sie aushalten. Sie sagte: *„Ich habe erfahren, dass Gott konkret und praktisch existiert, während mein Gehirn große Angst produziert."* Das heißt, in dieser Situation hat sich ihr Gehirn kein Bild von Gott basteln können, denn sie hatte nichts weiter als die nackte Angst. Und dennoch hat sie den lebendigen Gott erfahren.

Angst hatte das Volk Israel auch. Obwohl Gott dem Volk einen sichtbaren Führer gegeben hat, den Mose! Da sagen inzwischen viele Israeliten: Der ist auch keine Garantie! Der verschwindet nicht immer, aber immer öfter und immer länger in seinem Zelt und betet. Und je länger er im Zelt bleibt, um so unruhiger werden die Leute. Die wollen wissen, wie es weitergeht. Außerdem kann der Mose uns auch alle an der Nase herumführen und wir kommen hier um. Vielleicht sind wir nicht von Gott geführt, sondern von Mose verführt worden? Denn wir sitzen jetzt in der Klemme. Wir hängen hier in der Wüste rum. Früher in Ägypten, da mussten wir zwar schuften, aber wir konnten wenigstens leben. Hier haben wir die Freiheit, aber wir werden alle krepieren. Und genau in so einer Situation begannen die Israeliten, sich ein Bildnis von Gott zu machen. Sie wollten einen Gott, den man sieht, dem man folgen kann, dem man nicht mehr vertrauen muss, sondern den man richtig anschauen kann.

Ich habe von einem Maler gelesen, der sollte ein Christusbild für eine Kirche malen. Als er das Bild fertig hatte, betrachtete er es von weitem und stellte plötzlich fest, er hat dem Christus sein eigenes Gesicht gemalt. So geht das immer wieder. Jesus wird unsere eigene Sicht aufgedrückt. Er ist dann der Kämpfer für die Entrechteten, der Arzt in der Drogenszene, der Revolutionär...

Bei der Satellitenevangelisation JesusHouse hatte ich über das Thema Schuld zu sprechen. Danach bekam ich unter anderem einen Brief aus einem Pfarramt in Österreich. Da schrieb jemand: Ich soll doch nicht sagen, dass die Menschen vor Gott schuldig sind. Der Kritiker schlug vor: *„...wenn ich den Menschen versuche zu vermitteln, dass Gott sie noch viel mehr annimmt als alle Menschen dies können, kommen sie vielleicht zum Nachdenken."* Das heißt, ich soll also bitteschön immer nur vom lieben, barmherzigen, alle Menschen annehmenden und umarmenden, treuen und freundlichen Gott sprechen. Das wäre aber nur die halbe Wahrheit. Denn die andere Hälfte der Wahrheit ist, dass Menschen, die nicht an Gott glauben, verloren gehen. Und so wird die Predigt vom lieben Gott zum Märchen-Gott, zum goldenen Kalb der Kirche. Die Liebe Gottes wird einseitig betont. Es wird so gepredigt, wie Mann und Frau es gerne hätten. Originalton der Bibel: *„Du sollst dir kein Bildnis noch irgendein Gleichnis machen, weder von dem, was oben im Himmel, noch von dem, was unten auf Erden, noch von dem, was im Wasser unter der Erde ist."*

Und jetzt musst du weiterlesen. Denn da steht, wozu du das nicht tun sollst. *„Bete sie nicht an und diene ihnen nicht!"* Es geht also darum, dass wir manchmal unsere Probleme damit haben, dass Gott unsichtbar ist. Hier werden wir aber davor gewarnt, uns einen, mit unseren Händen gefertigten Gott zu bauen und ihn anzubeten. Wir sollen nicht einen, mit unseren Gedanken zusammen gesponnen Gott, der in unser Lebenskonzept passt, verehren und auch nicht als Führer für unser Leben anerkennen. Gott will, dass wir ihm vertrauen. Aber wer will denn schon vertrauen? Das Volk Israel will was sehen und zwar einen göttlichen Führer. So ist das zu allen Zeiten. Kommt der Mensch in die Krise, dann schreit er nach einem Führer. Wer unterwegs ist, möchte nicht glauben, nicht vertrauen. Er will wissen, sehen und haben und am besten gegen alles versichert sein. Er möchte mit seinem ganzen Reisegepäck versichert sein. Nicht nur gegen Diebstahl, sondern auch noch gegen den Tod. Aber diese Sicherheit gibt es nicht auf deinem Lebensweg. Die Sicherheit kann dir keine Freundin und kein Ehepartner geben. Die kann dir keine Versicherung geben. Die kann dir keine Kirche und keine Regierung geben.

Und weil es diese Sicherheit nicht zu kaufen gibt, treibt die Sucht danach die Menschen zu total überraschenden Dummheiten. Das können wir beim Volk Israel ganz genau studieren. Mose ging eines Tages nicht in sein Gebetszelt, sondern er stieg alleine, ohne Reinhold Meßner, auf den höchsten Berg in der Gegend, auf den Berg Sinai. Da war er nicht nur mal ein paar Stunden weg, nicht nur ein paar Tage, sondern einen Monat und zehn Tage. Und das war den Leuten zu viel. Sie bekamen Angst. Die sagten: *„Der Mose ist abgestürzt. Der ist gefressen worden. Wer führt uns denn jetzt? Sollen wir zurück nach Ägypten? Sollen wir vorwärts? Aber wo ist denn überhaupt vorn?"* Und jetzt passiert das Verrückte. Die Leute verlangen von Aaron, das ist der Bruder von Mose, dass der einen jungen Stier aus Gold gießen soll. (2. Mose 32) Und dieser Stier soll ihr Führer sein. Der soll vorangehen. Die Menschen wollen nicht vertrauen, sondern Sicherheit. Ein Rindvieh soll ihr Führer sein.

Und Aaron macht das. In der Weltgeschichte sind die Menschen ja oft genug schon auf Rindviecher hereingefallen und fallen auch heute noch darauf rein. Da findest du in mancher Führungsetage einen machtbesessenen Leitbullen.

Und BSE ist auch nichts Neues, liebe Freunde. BSE gab es schon damals beim Volk Israel, als die ihr goldenes Rindvieh aufstellten und eine besondere Sicherheit wollten. BSE hieß damals Bodybuilding, Sex und Energie. So ein Stier steht für Kraft, Potenz und Durchsetzungsvermögen. Das erinnert mich an die Werbung, die uns täglich einlullen will. Die Schlagworte Jugend und Kraft, Fitness und Wellness, Schönheit und Sex werden auf den Altar der Anbetung gehievt. Natürlich fehlt von den modernen Göttern noch das Geld. Deshalb ist ja das Stierbild von Aaron auch aus Gold. Ich wische mir den Wüsten-Sand aus den Augen und kann es gar nicht glauben, dass diese Geschichte so alt sein soll. Dieses goldige Rindvieh ist doch der passende Götze für uns – oder? Das ist dein Gott, Europa!

Gott will aber, dass die Menschen ihren Weg im Vertrauen auf seine Führung gehen und nicht nach Sicherheiten schielen. Klar ist, wir haben sein Wort, aber er selber ist unsichtbar. Und nun musst du wissen: Wenn du anderen Führern vertraust, dann legst du selber fest, dass Gott dich nicht mehr führen soll. Und das ist das Todesurteil, dass ein Mensch oder ein ganzes Volk über sich selber fällt. Mose hat das sofort kapiert, als der von seinem Berg wieder runterkam und sehen musste was bei der BSE-Disko abging. Der Mose kriegt die Krise und zerdeppert die steinernen Tafeln, wo die Gebote drauf stehen. Und dann schmeißt er sich vor Gott hin und schreit:

„Ach, das Volk hat eine große Sünde getan, und sie haben sich einen Gott von Gold gemacht. Vergib ihnen doch ihre Sünde; wenn nicht, dann tilge mich aus deinem Buch, das du geschrieben hast." (2. Mose 32, 31-32)

Mose weiß, dass das jetzt das Ende des Volkes ist. Wer andere Götter zum Führer macht, wird irre und geht in die Irre. Deshalb wirft Mose sich vor Gott hin und fleht: *„Vergib ihnen!"*

Manche denken, sie sind besonders stark, wenn sie sich andere Führer suchen oder sich selber führen. Sie denken, sie können in den Alpen gesperrte Pisten benutzen und kommen sich dabei noch mutig vor. Dann kommt am nächsten Tag die Meldung, dass wieder eine Lawine losgetreten wurde und viele Menschen in den Tod riss. Es war nicht Mut. Es war Dummheit. Wenn Gott nicht der Führer ist, wirst du früher oder später in den Tod gerissen. Alle anderen Führer, auch du selber, machen dich kaputt. Wenn wir anderen Führern folgen, hat das Folgen. Wer sich anderen Führern unterstellt, wird durch sie verdorben, kaputt gemacht, zerrieben. Deshalb nimmt der Mose das goldene Kalb, zerstückelt und reibt es wie den Käse für die Spaghetti. Er schmeißt den Goldstaub auf das Wasser und die Menschen müssen es trinken. Das bedeutet: Eure Schuld beherrscht euer ganzes Leben. Die Folgen müsst ihr tragen. Wer den Zorn Gottes nicht fürchtet, ist einfach dumm. Wegen der Dummheit des Volkes steigt Mose wieder auf den Berg und schreit zu Gott: *„Vergib ihnen doch ihre Sünde! Wenn nicht, dann tilge doch mich aus dem Buch, das du geschrieben hast!"* Mose will die Schuld für das Volk mit seinem Leben bezahlen. Gott nimmt sein Angebot aber nicht an. Der Mose kann die Schuld überhaupt nicht bezahlen, weil er selber Schulden hat. Jeder Mensch steht bei Gott in der Schuld und Mose auch. Hatte er nicht früher im Übereifer einen Ägypter erschlagen? Mose kann nicht bezahlen, aber Gott vergibt dennoch! Das ist doch erstaunlich.

Das ist das Entscheidende, was wir bei diesem Gebot nicht vergessen dürfen. Gott vergibt und will weiter der Führer des Volkes sein. Er sagt: *„Mein Angesicht soll vorangehen. Damit will ich dich leiten."* (Vers 33) Wenn Gott Schuld vergibt, geht das nur, wenn er dann auch als Führer vorangehen darf.

Du kannst Gott nicht nur für die seelische Hygiene in Anspruch nehmen und dann weiterleben wie du willst. Gott beansprucht die Führungsposition in deinem Leben. Er will das Steuer deines Lebens in der Hand halten, weil er den Kurs kennt. Nur er kann dich zum Ziel führen. Manche lassen Gott ans Steuerrad, also bekehren sich, und fahren gut damit. Doch plötzlich wollen sie in eine andere Richtung als Gott es will. Vielleicht bei der Partnerwahl oder bei der Berufswahl. Und schon schmeißen sie den Steuermann über Bord und lenken selber weiter.

Bei anderen bekommt Gott die Aufgabe der Bordkapelle. Für die schönen Stunden, die schöne Gemeinschaft und die schönen Lieder darf er zuständig sein, aber wie sie mit ihrem Geld, ihrem Körper, ihren Eltern umgehen, das bestimmen sie selber. Das Steuerrad behalten sie in der Hand. Gott will aber nicht an den schönen Tagen der Partyservice sein. Und er will auch nicht in den wüsten Zeiten dein Handy-Notruf sein. Er will der Führer deines Lebens an guten und schlechten Tagen sein. Du merkst bestimmt schon, es gibt keinen Grund, dass wir hochnäsig auf dieses kleine Wüstenvölklein schauen und denken, das geht uns ja nix an. Wir sind da viel weiter. Ich kann da nur wie der Mose rufen: *„Vergib!"* Und weil wir damit Probleme haben, dass wir Gott nicht sehen können, deshalb hat Gott seinen Sohn Jesus geschickt. Damit wir einen sichtbaren Führer haben, dem wir folgen können. Jesus ging seinen Weg bis ans Kreuz und musste dort sterben. Damit dir vergeben werden kann, setzte er sein Leben ein. Und deshalb ist Jesus der beste Führer, dem du dein Leben anvertrauen kannst. Jesus hat doch gesagt: *„Ich bin der Weg und die Wahrheit und das Leben, niemand kommt zu Gott, außer durch mich."* Denn nur dieser Führer und kein anderer kann dich auch durch die Wüste des Todes führen. Jesus enttäuscht dich nicht und lässt dich nicht im Stich. Und wer diesem Führer vertraut, sein Leben anvertraut, der spürt, dass er nicht mehr so viel Angst hat vor der kommenden Woche.

Namen sind Schall und Rauch

Das zweite Gebot

„Du sollst den Namen des Herrn, deines Gottes, nicht unnützlich im Munde führen; denn der Herr wird den nicht ungestraft lassen, der seinen Namen mißbraucht."
2. Mose 20, 7

Als ich im sechsten Schuljahr war, hatte ich einen Klassenlehrer, der hieß mit Vornamen Hermann.

Bei einer kleinen Auseinandersetzung sagte ich zu ihm: *„Hermann fang keinen Lärm an, sonst kriegste Scherben ran, da kannste sterben dran."* Meine dichterischen Künste haben den Lehrer sehr beeindruckt. Ein Tadel war meine Belohnung. Es war einfach frech von mir, meinen Lehrer mit seinem Vornamen anzureden und ihn auch noch zu verspotten.

Manche Leute gehen mit Gott ähnlich um. Die plappern gedankenlos: *„Ach Gott!"*, oder *„Oh Gott, oh Gott"*. Sie tönen *„Gott sei Dank!"* und danken Gott aber gar nicht. Und ich frage mich: Na wem sollen wir denn sonst danken? Das ist so, als wenn du Sinnlos-Telefon mit Gott spielst.

Katja und Anna treffen sich auf der Straße. Plötzlich sagt Anna: *„Ach Gott, ist der süß!"* Darauf Katja: *„Warum findest du Gott süß?"* Anna: *„Das meine ich nicht ernst, das sagt man nur so. Ich meine da drüben den Hund."* Wieder fragt Katja: *„Ach nee, heißt der Gott?"* Anna etwas verärgert: *„Nein, sagte ich doch, ich meinte das nicht ernst."* Katja lässt nicht locker: *„Du findest ihn also nicht süß?" „Wen?"*, fragt nun Anna. *„Na den Hund!"*, kommt von Katja zurück. *„Doch, doch ich finde den Hund süß"* meint Anna. *„Und Gott?"*, wollte Katja noch wissen.

Den meisten Menschen ist nicht klar, dass sie Gott für jedes unnütze Wort Rechenschaft geben müssen. Denn Jesus sagt: *„Die Menschen müssen Rechenschaft geben am Tag des Gerichts von einem jeden nichtsnutzigen Wort, das sie geredet haben."* (Matthäus 12, 36) Und wenn ich das zweite Gebot lese, muss ich auch an diese Sinnlosanrufe denken. In der Bibel steht: *„Du sollst den Namen des Herrn, deines Gottes, nicht unnützlich im Munde führen; denn der Herr wird den nicht ungestraft lassen, der seinen Namen missbraucht."*

Martin Luther hat das zweite Gebot so erklärt: *„Du sollst mit dem Namen Gottes nicht fluchen, schwören, zaubern, lügen oder trügen, sondern den Namen Gottes in allen Nöten anrufen, beten, loben und danken."* Was heißt denn das, mit dem Namen Gottes nicht zu fluchen? Menschen, die nicht an Gott glauben, beten auch. Zum Beispiel, wenn sie sich oder andere im Namen Gottes verfluchen. Wer sagt: *„Gott verdamme mich!"*, kann nur hoffen, dass Gott dieses Gebet nicht wirklich erhört.

Was bedeutet denn, du sollst mit dem Namen Gottes nicht zaubern? Böten ist zum Beispiel etwas grundsätzlich anderes als Beten. Beten ist eine Telefonverbindung von Gott.

Böten ist eine okkulte Handlung vom Teufel. Auch wenn beim Böten oder Besprechen gesagt wird *„Im Namen des Vaters, des Sohnes und des Heiligen Geistes"*, hat das nichts mit dem Gott der Bibel zu tun. Auch wenn Menschen, die zum Besprechen gebracht wurden, danach Besserung von ihrem Leiden erfuhren, stellten sich plötzlich ganz andere Probleme ein. Erfahrene Seelsorger haben häufig festgestellt, dass die Besprochenen zwar körperlich gesund geworden sind, aber später oft ganz anders gelitten haben. Als Folgen stellten sich zum Beispiel Depressionen oder Selbstmordgedanken ein. Andere empfanden plötzlich Abscheu gegen das Wort Gottes oder waren unfähig an Gott zu glauben.

Du musst wissen, zwischen Gott und dem Teufel gibt es keine friedliche Koexistenz. Auch wenn Gott die Farben des Regenbogens geschaffen hat, hier kennt er nur schwarz oder weiß. Weil es hier um Leben oder Tod geht. Weil es hier um dich geht. Gott hat auf diesen ganzen okkulten Krempel einen Aufkleber drauf gemacht. Da steht: *„Achtung Lebensgefahr!"* Nachlesen kannst du das in der Bibel: *„Keiner von euch darf seinen Sohn oder seine Tochter als Opfer auf dem Altar verbrennen. Ihr dürft niemanden unter euch dulden, der wahrsagt oder aus Vorzeichen die Zukunft deutet, der zaubert, Geister beschwört oder Tote befragt. Wer so etwas tut, ist dem Herrn zuwider."* (5. Mose 18,10 f)

Die Erfahrung zeigt, dass man in so einem Fall einen Seelsorger aufsuchen muss, um endlich Frieden mit Gott zu bekommen.

Wenn du aber denkst, bei diesem Gebot geht es nur ums Fluchen, gedankenlose Plappern und Zaubern, dann hast du dich getäuscht. Wer so rangeht, der unterschätzt dieses Gebot. Es kann ja nicht nur um unüberlegtes Geschwätz gehen, wenn Gott deutlich und mit Nachdruck sagt: *„...der Herr wird den nicht ungestraft lassen, der seinen Namen missbraucht."* Warum diese Strafandrohung? Das Zweite ist das einzige Gebot mit Strafandrohung. Warum dieser Nachdruck? Vielleicht weiß Gott, dass wir es mit diesem Gebot nicht so genau nehmen. Kann es sein, dass viele denken, so schlimm kann es doch nicht sein, wenn ich das zweite Gebot übertrete. Gott wird schon alle Augen zudrücken. Das tut er eben nicht! Die Sünde, die hier gemeint ist, ist verborgen. Sie ist den Menschen nicht so sehr als Sünde bewusst. Das ist so eine Art unerkannte Sünde, ein blinder Fleck. Deshalb setzt Gott hier ein Ausrufezeichen! Die Leute, die fluchen und plappern, brauchen nicht extra ein Gebot.

Da sieht doch jeder, dass sie ohne den lebendigen Gott leben. Dass sie gegen den Willen Gottes eingestellt sind. Diese Menschen müssen den selbstgewählten Weg mit allen Konsequenzen gehen. Mit denen möchte ich nicht tauschen. Diesen Leuten kann ich nur sagen: Lasst euch retten! Denn Gott will retten. Ihm ist Vergebung wichtiger als Vergeltung. Aber er hilft eben nur denen, die sich helfen lassen. Er vergibt nur denen, die Vergebung wollen. Gott meint mit dem Missbrauch seines Namens nicht nur den, der flucht. Gott meint mit dem Missbrauch seines Namens nicht nur den, der spottet. Gott meint mit dem Missbrauch seines Namens nicht nur den, der einen falschen Eid schwört. Gott meint mit dem Missbrauch seines Namens nicht nur den, der in seinem Namen Magie betreibt. Gott meint auch die Frommen!

Wenn du wissen willst, warum Gott auch die Frommen meint, dann musst du ganz genau die Bibel lesen. Wenn du dich auf die Suche machst, dann solltest du den biblischen Zusammenhang sehen. Die Gebote stehen im zweiten Buch Mose. Das findest du am Anfang der Bibel. Und gleich am Anfang dieses Buches steht eine interessante Geschichte, die zum Verstehen hilft. (2. Mose 2-3) Das Volk Israel war im Konzentrationslager in ägyptischer Gefangenschaft. Die Tochter des ägyptischen Königs hatte gerade einen Aufenthalt im Wellnessbad am Nil. Bei ihrer Wassergymnastik fand die Prinzessin ein ausgesetztes Baby, das ihr sehr gefiel. Das war der Mose. Den hat sie an ihr Herz gezogen, großgezogen und königlich erzogen. Und als aus dem Mose ein Mann geworden war, erfuhr er, dass er von diesem Sklavenvolk Israel abstammt. Als er mit ansehen musste, wie sein Volk ausgesaugt wurde, platzte Mose der Kragen und er schlug einen ägyptischen Aufseher tot. Ein Israelit, der das beobachtet hat, schreit Mose an: *„In welchem Namen tust du das?“* Und Mose erkennt plötzlich, dass er in seinem eigenen Namen und nicht im Namen Gottes gehandelt hat. Im Namen Gottes kannst du weder die töten, die noch nicht geboren sind, noch die, die anders denken oder anders aussehen. Weder die Kreuzzüge noch die Abtreibungen, weder die linksextreme noch die rechtsextreme Gewalt kann im Namen Gottes gerechtfertigt werden.

Zurück zu unserer Geschichte in der Bibel. Der Mörder Mose ist jetzt auf der Flucht. Und diese Flucht dauert nun schon 40 Jahre. Früher hat er auf Polizisten rumgeprügelt und sich als Terrorist betätigt. Jetzt ist er brav und bürgerlich geworden. Die Ministerkarriere hat er sich versaut. Aus dem wird nichts mehr, sagen die Leute. Der sitzt mit seinen Turnschuhen an den Füßen und einer Flasche Bier in der Hand vorm Fernseher, obwohl er für eine wichtige Aufgabe gebraucht wird. Er putzt im Frühjahr die Gartenzwerge im Vorgarten und haut am Stammtisch über Politik auf den Putz, obwohl er im Namen Gottes Politik machen sollte, nämlich gegen den ägyptischen König antreten. Sein Leben ist übersichtlich. Es passiert nichts Neues. Jeden Tag das Gleiche. Er erwartet nichts mehr vom Leben. Mose hätte Minister werden können und in einer Luxuskarosse durch die Gegend fahren. Jetzt muss er als Hirte mit seinen blökenden Schafen zu Fuß durch die Wüste laufen. Und während er eines schönen sonnigen Tages am Berg Sinai wieder hinter seinen Schafen hertrödelt, da traut er seinen Augen kaum, denn er denkt, es ist ein Traum. Er sieht einen Dornenbusch, der brennt, aber nicht verbrennt. Dem Mose ist natürlich jede Abwechslung willkommen, also trabt er zu dem Lagerfeuer und will wissen, welcher Räuber dort Feuer gelegt hat. Und als er näher kommt, muss er feststellen, dass hier kein Brandstifter am Werk war, sondern der lebendige Gott. Die Bibel berichtet: *„Da rief Gott ihn aus dem Busch und sprach: Mose!“* (2. Mose 3, 4) Das musst du dir mal vorstellen. Mose wird in dieser Einöde beim Namen gerufen. Keine Menschenseele ist in der

Nähe. Und dennoch gibt es einen in der gottverlassenen Einsamkeit, der ihn mit seinem Namen kennt. Der Gott des Volkes Israel. Und starr vor Schreck antwortet Mose: *„Hier bin ich!“* Er kann vor Gott nicht anonym bleiben. So wie keiner bei Gott anonym bleiben kann. Während des weiteren Gesprächs gibt Gott dem Mose den Auftrag, das Volk Israel zu befreien. Da packt ihn die Angst. *„Was ich?“* Ist ja klar, am Stammtisch über Politik reden ist noch etwas anderes, als im Namen Gottes Politik machen. Da fährt es dem Mose, wie aus der Pistole geschossen, heraus: *„Was ist dein Name?“* Mit dieser Frage will Mose jetzt Gott in den Griff bekommen. Der Mose denkt, wenn ich den Namen kenne, bekomme ich Gott zu fassen. Da bekomme ich Macht über den anderen, wie die Königin über das Rumpelstilzchen. Aus diesem Grund fragt der Mose gierig: *„Was ist dein Name?“* Er meint damit: Gott, wenn du mir so einen Wahnsinns-Auftrag gibst, da brauche ich doch Sicherheit, da kann ich doch nicht nur vertrauen. Sag mir deinen Namen! Und Gott antwortet: *„Ich werde sein, der ich sein werde.“* Das heißt: Ich bin der Herr, dein Gott. Ich bin nicht einer, der über sich verfügen lässt. Du kannst mich nicht wie dein Handy in die Tasche stecken, und wenn du mich brauchst, wieder herausholen. Ich, dein Gott, funktioniere nicht auf Knopfdruck. Ich gebe dir den Auftrag und werde immer dann, wenn ich es für nötig halte, dir beistehen. Du kannst mich jederzeit um Führung und Hilfe bitten, aber du musst mich bitten. Du kannst mich bitten und ich werde entscheiden, wo ich helfe und wo ich nicht helfe. Und jetzt sind wir an dem Punkt, wo deutlich wird, was Gott mit dem zweiten Gebot noch meint. Der Mensch soll Gott nicht benutzen, um etwas zu erreichen. Es braucht ja nicht mal ein egoistisches Ziel zu sein. Es geht darum, dass jemand Gott in den Griff bekommen will. Es geht darum, dass jemand Gott gebrauchen will. Gott wird dann zum Straßenkehrer gemacht, der gefälligst alle Hindernisse aus dem Weg zu räumen hat, damit ich mit meinen Plänen und Vorhaben zum Ziel komme. Gott wird dann zum Arzt, der gefälligst alle Krankheiten zu heilen hat, wenn ich für Heilung bete. Gott ist dann der Missionar, der gefälligst eine Erweckung zu schicken hat, wenn ich predige. Oder Gott ist der Finanzminister, der gefälligst den Aufschwung zu garantieren hat, wenn ich zehn Prozent von meinem Einkommen als Spende gebe. Liebe Freunde, es geht hier auch um Menschen, die zu einer christlichen Kirche gehören. Du merkst schon, es geht hier nicht um eine Sünde der Gottlosen, sondern um eine Sünde der Frommen. Wer ehrlich zu sich selber ist, wird sich täglich dabei ertappen, wie er Gott zum Kellner degradiert, vielleicht mal noch zum Oberkellner macht. Der große Gott, der Himmel und Erde geschaffen hat, ist uns aber nicht hörig. Hörig sind uns die Götzen und Götter. Die lassen sich gern in unseren Dienst nehmen und machen uns dann später dafür kaputt.

Deshalb steht die Warnung vor fremden Göttern ja gleich zuvor im ersten Gebot. Aber der lebendige Gott macht dich nicht kaputt, und mit dem kannst du nicht so umspringen. Wer das aber versucht oder tut, der missbraucht den Namen Gottes.

Wie sieht das weiter praktisch aus? Wir wollen Gott in unserer Familie mit dabei haben. Er muss aber in unsere Familienplanung passen. Er darf bei Taufe, Konfirmation, Hochzeit und Beerdigung unter weiteren anderen Gästen mit auflaufen. Wenn er das Festessen serviert hat, gehört es sich auch, dass er sich dann wieder verzieht. Das ist Missbrauch seines Namens.

Wir wollen Gott bei unserer Arbeit dabei haben. Er bekommt einen Ehrenplatz. Er darf segnen, dass die Arbeit gelingt. Oder er ist der Berufsberater, der mir die Lehrstelle versorgt. Aber meinen Umgang mit Geld, meine Geschäftsmethoden, meine miesen Tricks gehen ihn nichts an. Da darf er nicht reinreden. Diese *„unbefugte*

Einmischung“ verbitte ich mir! Das ist Missbrauch seines Namens.

Wir wollen auch Gott in unserem Volk dabei haben. Wir haben ihn im Grundgesetz gleich am Eingangstor angebracht. Das ist aber nur Fassade. Wenn dann die Gesetze ausgelegt und gehandhabt werden, ist Gott häufig nicht mehr dabei. Da passiert es, dass der Recht bekommt, der sich die besten Anwälte leisten kann und finanziell den längeren Atem hat. Da werden manchmal Sauereien entschieden, die zum Himmel stinken, und Menschen werden kaputt gemacht. Die Schwächsten der Gesellschaft leiden darunter. Innerhalb einer Woche werden in Deutschland ca. 1.000 Kinder im Mutterleib getötet. Wir brauchen Gott für den Aufschwung, segnen darf er. Dass Gott aber seinen Finger auf die wunden Stellen in unserem Volk legt, wollen wir nicht. Und einen Gott, der uns Strafen und wohlverdiente Katastrophen schicken könnte, lehnen viele ja grundsätzlich ab. Wir wollen den Aufschwung. Und dafür brauchen und missbrauchen wir Gott.

Und auch dort, wo die Christen sitzen, in der Kirche, kann der Name Gottes schlimmer entheiligt werden, als dort wo die Spötter sitzen. Du kannst beim Gebet, den Namen Gottes schlimmer missbrauchen, als durch Fluchen. Wenn du zum Beispiel versuchst, Gott mit deinem Gebet zu erpressen. Es gibt Leute, die führen den Namen Gottes ständig im Mund. In der Gemeinde sind sie hochangesehene Leute. Aber im Gericht Gottes fallen sie durch. Denn sie hatten nie eine persönliche Beziehung zu Gott. Sie haben am Sonntag im Gottesdienst gesessen, aber in der Woche den Willen Gottes vergessen. Das ist Heuchelei! Jesus hat die Christen vor dieser Heuchelei gewarnt. Als er vom letzten Tag gesprochen hat, sagte er: *„Es werden viele zu mir sagen an jenem Tag: Herr, Herr und ich werde sagen: Ich habe euch nie gekannt.“* (Matthäus 7, 20)

Mit dem letzten Tag meint Jesus das Gericht Gottes. Dort muss sich jeder Mensch vor Gott verantworten. Weißt du, das zweite Gebot wird von vielen überhaupt nicht für wichtig gehalten. Aber wir sollten es ernst nehmen, denn es ist das einzige Gebot, wo Gott deutlich sagt, dass bei Übertretung die Strafe folgt. Warum das so ist, möchte ich versuchen zu erklären. Es gibt wichtige Leute in der Politik und im Showgeschäft, die haben eine geheime Telefonnummer. Die erscheint nicht im Telefonbuch. Diese Menschen sind für uns Otto-Normalverbraucher nicht erreichbar. So eine Leitung kann keiner missbrauchen.

Gott ist der höchste Politiker der Weltgeschichte. Doch bei Gott kann jeder zu jeder Zeit anrufen. Er hat seinen Anschluss bekannt gegeben. Und er hat uns die Erlaubnis erteilt, seinen Namen zu gebrauchen. Deshalb kann sein Name auch missbraucht, also in den Dreck getreten werden. Da fragt vielleicht mancher: Hat Gott das nicht gewusst? Natürlich hat er das gewusst, aber er gibt den Anschluss dennoch frei – weil er dich liebt. Zugleich warnt er auch vor dem Missbrauch. Auf Missbrauch folgt Strafe! Wenn du zum Telefon greifst und nur aus Spaß einen Notruf abschickst, dann kriegst du eine Strafe präsentiert, bei der dir das Lachen vergeht. Und so ist das bei Gott, sagt die Bibel. Bilde dir doch bitte nicht ein, dass Gott nur so ein Spaßmacher ist, der keinem etwas krumm nimmt. Sonst wirst du am letzten Tag im Gericht böse erwachen. Und deshalb ist es wichtig, dass ich heute davon rede, wie du persönlich aus diesem Gericht rauskommst. Damit du nicht unter die Strafe Gottes fällst. Damit die Verbindung wieder hergestellt wird. Und das geht nur mit einem Passwort, mit einem Namen: Jesus! Die Bibel sagt über Jesus: *„In keinem anderen ist das Heil, ist auch kein anderer Name unter dem Himmel den Menschen gegeben, durch den wir sollen gerettet werden."* (Apostelgeschichte 4, 12) Oder an anderer Stelle: *„Wer den Namen des Herrn anrufen wird, soll gerettet werden."* (Joel 3, 5)

Wenn ich persönlich nur das zweite Gebot bedenke, dann kapiere ich, dass ich die Strafe verdient habe und ins Gericht muss. Und dann kann ich nur noch Jesus anrufen, also beten: *„Dir gehört mein Leben. Du hast am Kreuz für mich die Strafe bekommen. Du hast mich lieb. Herr bitte vergib mir meine Schuld."*

Und nur so kann ich dann den Namen Gottes richtig gebrauchen. Ich bete dann die Bitte im Vaterunser: *„Dein Name werde geheiligt"* (Lukas 11, 2) gegen mich selber. Das ist zugleich die Bitte um Vergebung. Und ich darf beim Beten zwei Voraussetzungen nicht vergessen. Erstens muss ich wissen, wo ich anrufe. Ich rufe beim Vater an. Gott ist der liebende Vater. Ihm kann ich alles sagen. Meine großen Gedanken und meine alltäglichen Kleinigkeiten. Er ist immer da. Zweitens muss ich wissen, wer anruft, wer ich selber bin. Ich bin sein ungezogenes Kind. Sein Name spielt zu oft keine Rolle in meinem Leben. Sein Wille kümmert mich zu oft einen Dreck. Ich bin ein Sünder. *„Bitte vergib mir, denn Jesus gehört mein Leben."* Und dann gebrauche ich den Namen Gottes richtig und weiß: Es ist Sünde, wenn wir den Namen Gottes zu einer hohlen Phrase machen. Und es ist Sünde, wenn wir von Gott schweigen. Denn wir sind es den Menschen schuldig, dass sie den Namen JESUS zu hören bekommen. Na dann mal los!

Nur noch Werktage?

Das dritte Gebot

„Gedenke des Sabbattages, dass du ihn heiligst. Sechs Tage sollst du arbeiten und alle deine Werke tun. Aber am siebenten Tag ist der Sabbat des Herrn, deines Gottes. Da sollst du keine Arbeit tun, auch nicht dein Sohn, deine Tochter, dein Knecht, deine Magd, dein Vieh, auch nicht dein Fremdling, der in deiner Stadt lebt. Denn in sechs Tagen hat der Herr Himmel und Erde gemacht und das Meer und alles, was darinnen ist, und ruhte am siebenten Tage. Darum segnete der Herr den Sabbattag und heiligte ihn."

2. Mose 20, 8-11

Nicht alle, aber viele streben
danach, nach Gottes Wort zu leben.
Man geht zur Kirche, liest die Bibel
und weiß dadurch, was gut, was übel,
und ist bemüht von ganzem Herzen,
die Sünde restlos auszumerzen.

Doch ein Gebot, trotz Buß und Beten,
hat man schon öfter übertreten,
und dies Gebot, das man verletzt,
heißt so – von Luther übersetzt –:
„Sechs Tage lang sollst du was tun,
am siebten aber sollst du ruhn!"

Doch nie und nirgends wird gesprochen
von unseren Fünf-Tage-Wochen!
Ob dadurch nun, mein lieber Christ,
das lange Weekend Sünde ist?

Als in Deutschland die Fünftagewoche durchgesetzt wurde, schrieb Heinz Erhardt dieses Gedicht. Da kannst du aber jeden, der so fragt, beruhigen. Das lange Wochenende ist keine Sünde. Am Samstag gibt's ja schließlich auch allerhand zu tun. Es ist aber gut, mal daran erinnert zu werden, dass im dritten Gebot nicht nur steht: *„Du sollst den Feiertag heiligen."* Sondern, dass dort auch steht: *„Sechs Tage sollst du arbeiten und alle deine Werke tun."* Manchen Leuten braucht man das ja nicht zu sagen. Die haben ständig rollende Woche. Wenn die mal beerdigt werden, steht auf dem Grabstein: *„Nur Arbeit war sein Leben."* Da frage ich mich, ob da ein Pferd oder ein Mensch beerdigt wurde. Und für solche Arbeitstiere trifft außerdem der Spruch zu: *„Wer schneller lebt, ist eher fertig."* Wer als Lebenssinn nur die Arbeit hat, der wird schneller krank. Der brennt aus. Der verliert den Sinn des Lebens, wenn er arbeitslos wird. Der fällt im Rentenalter in ein Loch und kommt sich nutzlos vor. Der Sinn des Lebens ist nicht die Arbeit, nicht die Freizeit, sondern dass wir Zeit für Gott finden.

Dass wir überhaupt Gott finden! Und weil Gott weiß, wie sehr uns die Woche in Anspruch nimmt, deshalb hat er uns den Feiertag gegeben.

Dann gibt's noch `ne Menge Leute, denen braucht man nicht zu sagen: *„Sechs Tage sollst du arbeiten."* Viele Arbeitslose würden sich das nicht zweimal sagen lassen. Aber sie bekommen keine Arbeit. Wenn du arbeitslos bist, bleibt da vom ersten Teil des dritten Gebotes nur noch Spott übrig? Nein, ich muss dir sagen, dass dein Wert nicht von deiner Arbeitsleistung abhängig ist. Dein Einkommen macht dich auch nicht wertvoll, sondern die Liebe Gottes. Weil Gott dich liebt, deshalb bist du wertvoll. Wenn wir nur wertvoll sind, weil wir etwas leisten, dann gehen wir einen gefährlichen Weg. Die Embryonen, die Alten, die Kranken und Behinderten wären nichts, sie hätten keinen Anspruch auf Menschenwürde. Sie wären nicht lebenswert. Auch wenn vielleicht manche Wissenschaftler und Politiker das so sehen, die Bibel sieht das ganz anders. Dort steht: *„Gott liebt die Menschen so sehr, dass er seinen einzigen Sohn hergab. Nun wird jeder, der sein Vertrauen auf den Sohn Gottes setzt, nicht zugrunde gehen, sondern ewig leben."* (JOHANNES 3, 16) Auch wenn du arbeitslos bist, gilt für dich, dass du wertvoll bist, weil Gott dich geschaffen hat und dich liebt. Und diesen Wert lass dir bitteschön von niemandem streitig machen. Auch wenn du arbeitslos bist, wirst du gebraucht. Auch wenn die Arbeitslosigkeit dich lähmt, sollst du dennoch fragen, was hat Gott mit mir vor? Du kannst versuchen, dich in deiner christlichen Gemeinde ehrenamtlich einzubringen.

Einigen anderen Leuten muß aber gesagt werden: *„Sechs Tage sollst du arbeiten."* Es gibt ja immer wieder Typen, die denken: Arbeit macht das Leben kaputt. Ich mache mir die Hände nicht schmutzig. Einen jungen Mann habe ich mal kennen gelernt, der sagte: *„Ich bin nicht fürs Arbeiten geschaffen."* Manche gehen davon aus, dass die Sozialhilfe eine staatlich garantierte Grundversorgung für Lebenskünstler und Faulenzer ist. Die Bibel sagt dazu: *„Wer nicht arbeiten will, der soll auch nicht essen."* (2. THESSALONICHER 3, 10) Ich habe gelesen, dass das der einzige Satz der Bibel ist, der in die Verfassung der Sowjetunion aufgenommen wurde.

Wer jedenfalls die ganze Woche arbeitet, braucht einen Tag, wo die Batterie neu aufgeladen werden kann. So ist der Mensch von Gott erschaffen. Die einen werden sich nach anstrengender körperlicher Arbeit ausruhen. Andere werden nach einer Woche Schreibtisch und Sitzungen vielleicht Sport treiben. Nun gibt es aber *„Helden der Arbeit"*, die müssen auch am Sonntag zeigen, dass sie etwas zu tun haben. Beruf, Ehrenämter und sogar fromme Aktivitäten wachsen dann so über den Kopf, dass der Sonntag keine Chance mehr hat.

Bei diesem Gebot muss auch die Kirche sich an die eigene Nase fassen. Es kann einem manchmal himmelangst werden, wenn man sieht, wie kirchliche Mitarbeiter in den Gemeinden verheizt werden. Und das nur, weil die Kirche überall dabei sein will, zu jedem Thema ihren Senf dazu geben muss und nicht in der Lage ist, Prioritäten zu setzen und unwichtige Dinge aufzugeben. Manche Mitarbeiter hinterlassen dann einen abgearbeiteten und gehetzten Eindruck.

Ich will euch auch gleich erzählen, dass ich hier nicht wie der Blinde von der Farbe rede. Im Jahr 1993 hatte ich eine komplizierte Operation an der Halswirbelsäule. Danach war ich lange krank. Ich konnte die Auszeit erst überhaupt nicht verstehen. Dann musste ich allmählich zur Kenntnis nehmen, dass Gott mir einige Dinge zeigen will, die bei mir verkehrt laufen. Unter anderem durfte ich erkennen, dass meine Zeiteinteilung nicht in Ordnung war. Ich dachte immer: *„Rollende Woche für Jesus ist doch o.k.!“* Dabei merkte ich nicht, dass ich meine Familie vernachlässigte und das dritte Gebot übertrat. So machte Gott aus der Krankzeit eine Korrekturzeit. Das war gut für mich.

Gott will jedenfalls, dass wir den Feiertag, den Sabbat halten. Ihr wisst bestimmt, dass mit dem Sabbat der letzte Tag der Woche gemeint ist, der siebente Tag. Also nach dem Motto: Erst die Arbeit, dann das Vergnügen. Wir Christen feiern aber den ersten Tag der Woche, den Sonntag. Die Juden feiern den Samstag. Die Adventisten halten auch am Samstag fest. Was ist denn nun richtig? Für die Befolgung des Gebotes ist diese Frage meines Erachtens unwichtig. Sabbat ist nicht der Name für den Samstag, sondern die Bezeichnung für den Ruhetag. Die anderen Tage hatten gar keine Namen. Das Wort Sabbat bedeutet soviel wie aufhören oder ruhen. Wir feiern diesen Tag nicht als letzten der Woche, sondern als ersten Tag der Woche. Das machen wir Christen, weil der Sonntag der Tag ist, an dem Jesus von den Toten auferstanden ist. Und damit das Durcheinander perfekt ist, hat die UNO einmal beschlossen, dass der Sonntag der letzte Tag der Woche ist. Also, wichtig ist: Alle sieben Tage gönnt Gott dir einen Ruhetag. Und das sollst du dir auch gönnen. Deshalb können Krankenschwestern, Prediger, Polizisten und andere Berufe dennoch getrost sonntags arbeiten, aber sie sollen an einem anderen Wochentag ihren Sonntag haben.

Man kann natürlich das Gebot so verbissen nehmen, dass es den Menschen nicht mehr gut tut. Die Pharisäer in Israel sind so mit dem Sabbat umgegangen. Da wurde vorgeschrieben, wieviel Schritte jemand am Feiertag gehen durfte. 880 Meter vom Wohnsitz konnte man sich entfernen. Es wurde vorgeschrieben, welche Handgriffe du nicht tun durftest. Zu enge Grenzen verlocken natürlich dazu, die Grenzen zu umgehen. Wer zum Beispiel eine längere Reise auf dem Esel am Sabbat machen wollte, legte einfach einen Schlauch voll Wasser als Sattel auf das Tier und setzte sich da drauf. Dann war das nicht mehr eine Reise auf dem Esel, sondern eine Reise auf dem Wasser, also eine Seereise. Eine Seereise war am Sabbat erlaubt. Und der arme Esel musste das ausbaden.

Jesus war gegen solche verrückten Einengungen. Der Sonntag ist für den Menschen da und nicht der Mensch für den Sonntag. Gott will dir damit Gutes tun. Aber Tätigkeiten, die das Leben erhalten oder sogar Leben retten, sind am Feiertag nicht nur erlaubt, sondern gefordert. Jesus hat zum Beispiel am Sabbat Kranke geheilt. Als Jesus mit seinen Jüngern beim Sabbatspaziergang durch ein Kornfeld ging, hat er ihnen erlaubt, Müsli zu ernten und zu essen. Deshalb brauchen wir nicht zu diskutieren, ob die Energieversorgung, Pflege- und Rettungsdienste am Sonntag arbeiten dürfen. Es gibt Bauern, die am Sonntag vor einem herannahenden Regen das Heu nicht in die Scheune gebracht haben. Sie haben die Erfahrung gemacht, wenn der Sonntag gefeiert wird, dann wird das auch von Gott gesegnet. Und sie sagen: Diejenigen, die ihr Heu am Sonntag nicht eingefahren haben, hatten keine schlechtere Ernte als andere. Vielleicht machst du mit deinen Hausaufgaben für die Schule ähnliche Erfahrungen. Wer den Sonntag hält, wird gesegnet. Diese Ausnahmen dürfen natürlich nicht dazu verführen, dass jedem selber überlassen wird, wann er seinen Ruhetag hat. Ich traue mir da selber nicht über den Weg. Wer das Gebot halten will, wird feststellen, dass da schnell die Kraft fehlt, um sich aus dem Alltag rauszunehmen. Da kommt es dann schnell dazu, dass es gar keinen Sonntag mehr gibt. Und dann wird es gespenstisch, denn ohne Sonntag gibt es nur noch Werktage! Auch wenn manche Wirtschaftsbosse drängen, wir können uns das Abschalten und Wiederanfahren von Anlagen nicht leisten, dann weiß es Gott besser.

Der Mensch braucht das Abschalten und wieder Anlaufen. Denn Gott hat uns Menschen so konstruiert. Und wer sich nicht daran hält, wird bald feststellen, dass der Schaden am Menschen und damit in unserer Gesellschaft teurer wird als der Produktionsausfall. Ich bin gegen die Abschaffung des Sonntags, weil wir damit Gottes Gebot übertreten. Und wer die Gebote Gottes übertritt, muss mit den Folgen leben. Und die Folgen waren noch nie angenehm. Gott will uns bewahren. Er will uns davor schützen, dass aus *„Helden der Arbeit“ „Sklaven der Arbeit“* werden.

Außerdem musst du wissen, dass das dritte Gebot das älteste Sozialgesetz und zugleich auch Tierschutzgesetz ist. Im fünften Buch Mose werden die Gebote wiederholt und dort wird begründet, dass das Volk Israel Sklave in Ägypten war. Das sollen sie ja nicht vergessen. Und damit sie das nicht vergessen, sollen sie denen, die von ihnen abhängig sind, auch den Feiertag gönnen: Den Sklaven, den Ausländern und den Tieren.

Das dritte Gebot fragt dich außerdem: Feierst du deinen Sonntag auf Kosten anderer? Es soll ja Familien geben, wo die ganze Bande sich von der Mutter bedienen lässt.

Der Vater sitzt vorm Fernseher und lässt sich sein Bier aus dem Kühlschrank bringen. Herr Sohn macht Bodybuilding und bekommt die Kartoffeln nicht vom Keller bis in die Küche. Frau Tochter steht stundenlang vor dem Spiegel, aber das Geschirr bekommt sie nicht sauber, weil sie ja sonst Spülhände bekommt. Und wenn man dann zum Helfen genötigt wird, kann man sich ja so dämlich anstellen, dass Mutter dann doch lieber alles selber macht.

Das zweite Mosebuch liefert eine weitere Begründung. *„In sechs Tagen hat der Herr Himmel und Erde gemacht und alles, was darinnen ist, und ruhte am siebenten Tag. Darum segnete der Herr den Sabbat und heiligte ihn.“* (1. Mose 2, 2)

Heiligen heißt, etwas aussondern oder beiseite nehmen. Heilig ist etwas, dass zu Gott gehört. Du kannst zum Beispiel aus einem Becher so lange Wein saufen, bis du nicht mehr weißt, ob du Männlein oder Weiblein bist.

Ein Becher kann aber auch ausgesondert werden für das Heilige Abendmahl. Dann ist es ein heiliger Becher. Dann kann man mit dem Abendmahlsbecher kein Saufgelage abhalten.

Heilige Menschen sind Leute, die aus der Masse der Menschen, die ohne Gott leben, ausgesondert sind und mit Gott leben. Heilige sind nicht moralisch höher stehend, sondern Menschen, die zu Gott gehören. Der Sonntag ist auch ausgesondert. Er ist aus der Woche ausgesondert. Er ist ein heiliger, ein anderer Tag. Und dieser Tag gehört Gott. Nachdem Gott die Welt geschaffen hatte, heißt es: *„...und Gott ruhte an diesem ausgesonderten Tag.“* Das heißt nicht, dass Gott sich den ganzen Feiertag auf das Sofa gelegt hat, um nichts zu tun.

In Psalm 121, 4 heißt es über Gott: *„Siehe, er schläft und schlummert nicht."* Vielleicht können wir uns das so vorstellen. Ein Künstler, der sein Bild vollendet hat, sitzt danach noch lange vor seinem Werk und beschäftigt sich damit. Er schaut es an und freut sich daran. Ich vermute, dass Gott sich am siebenten Tag auch mit seinem Werk beschäftigt hat. Könnte es sein, dass das bis heute so geblieben ist? Gott beschäftigt sich am Sonntag besonders mit seiner Schöpfung und vor allem mit dem Geschöpf Mensch. Er hat mit dir zu reden – im Gottesdienst. Übrigens, wer zum Gottesdienst nicht aus dem Bett kommt, kann es nicht auf die anstrengende Woche schieben. Die meisten Leute müssen sich doch vom Samstagabend ausruhen, weil ihre Freizeitaktivitäten inzwischen anstrengender geworden sind als die Arbeit in der Woche. Ist vielleicht deshalb der Krankenstand am Montag der Höchste, weil die Menschen den Sinn vom Sonntag verdreht haben? Wenn wir den Sonntag nicht so nutzen, wie Gott ihn geschaffen hat, dann verlieren wir die Verbindung zu Gott. Jesus ist doch auch am Sabbat in den Gottesdienst gegangen. Als Zwölfjähriger hatte er schon zu seinen Eltern gesagt: *„Habt ihr nicht gewusst, dass ich im Haus meines Vaters sein muss?"* (Lukas 2, 49) Dieser Meinung ist Jesus sein Leben lang treu geblieben. Obwohl er als Sohn Gottes das bestimmt nicht nötig gehabt hätte. Aber die Menschen haben es nötig. Sonntag ist Gottesdiensttag. Ein Sonntag ohne Gottesdienst ist kein Sonntag nach dem Willen Gottes. Im Gottesdienst findet ein Gespräch statt. Nicht nur das Gespräch mit dem Menschen, der neben dir auf der Bank sitzt. Das ist ja manchmal schon schwer genug. Es geht vor allem um das Gespräch mit Gott, deinem Schöpfer. Gott will mit dir reden.

Ich habe ab und zu mit Menschen zu tun, mit denen rede ich am liebsten nur das Nötigste, weil ich denen nicht vertraue. Bin ich mit diesen Leuten zusammen, ist immer eine gedrückte und angespannte Atmosphäre. Ich kenne aber auch Menschen, mit denen kann ich reden. Nicht nur so oberflächlich labern. Mit denen rede ich über das, was mir Freude macht und wo ich Probleme habe. Das sind befreiende Gespräche. Da ist Vertrauen da. Nun stell dir mal vor, Gott würde sich in Schweigen hüllen. Jahrhunderte und Jahrtausende würde Gott schweigen.

Du würdest verkümmern und sterben, weil du vom Reden Gottes lebst. Aber Gott hat das Schweigen gebrochen. Er will mit dir reden. Er will dich trösten und ermahnen. Deshalb ist es Unsinn, im Gottesdienst die Predigt auf fünf Minuten zu kürzen. Denn Gott will durch die Predigt reden. Die Bibel sagt: *„Der Glaube kommt aus der Predigt, das Predigen aber durch das Wort Christi."* (Römer 10,17) Wenn Gott in deinem Leben nicht zu Wort kommt, dann verlierst du den Kontakt zu ihm. Am Sonntag ist große Chefbesprechung. Du kannst während der Woche mit der Herrnhuter Losung leben. Du wirst aber mit der Losung nicht überleben. Und deshalb brauchst du die große Chefbesprechung. Bei der großen Chefbesprechung hörst du auf sein Wort, und du antwortest im Gebet. Und es wird gefeiert. Ich weiß natürlich, dass das in manchen Gottesdiensten schwer vorstellbar ist. Da geht es manchmal so kühl zu, dass du im Mittelgang Schlittschuh laufen kannst. Und weil an manchem Ort nicht Gottes Wort, sondern Menschenwort gepredigt wird, riecht es in manchen Kirchen nach Moder. Das erinnert an Friedhof und ist eine Entgleisung. Im Gottesdienst geht es um Frischluftzufuhr. Da geht es um das Evangelium, um frohe Botschaft. Und die frohe Botschaft ist, dass du am Sonntag Kraft für die nächste Woche bekommst. Dein Versagen und deine Schuld bekommst du vergeben. Und du bekommst den Segen Gottes. Das alles gibt es nur an einem Ort in dieser Welt. Das ist der Gottesdienst in der Gemeinde des Jesus Christus.

Wenn du das heute zum ersten Mal hörst, dann kannst du jetzt mit Gott anfangen. Du kannst Gott dein Leben geben, damit du dann beim himmlischen Gottesdienst mit dabei bist. Übrigens, unsere Gottesdienste hier sind vom himmlischen Gottesdienstprogramm nur ein Ableger. Das ist wie bei der Satellitenevangelisation ProChrist. Da gibt es eine Hauptveranstaltung und die wird an viele Orte übertragen. Beim Gottesdienst findet die Hauptveranstaltung im Himmel statt und wir hier sind ein Übertragungsort. Nur sind wir nicht per Satellit verbunden, sondern durch die Kraft Gottes, den Heiligen Geist. Und dass Gott uns an seinem Feiertag dabei haben will, das ist eine unüberbietbare Einladung. Der Schöpfer der Welt will mit dir am Sonntag Gemeinschaft haben. Martin Luther bringt es auf den Punkt, wenn er zum Feiertagsgebot sagt: *„Wir sollen die Predigt und Gottes Wort nicht verachten, sondern es heilig halten, gerne hören und lernen."* Der Sonntag schenkt neue Kraft, damit du gut durchs Leben kommst. Der Sonntag schenkt Gottes Wort, damit du das ewige Leben bekommst. Ein geniales Angebot, dass du jede Woche nutzen solltest!

Vater, Mutter, Kinder ...

Das vierte Gebot

„Du sollst deinen Vater und deine Mutter ehren, auf daß du lange lebest in dem Lande, das dir der Herr, dein Gott, geben wird.“
2. Mose 20, 12

Die Lehrerin fragt Fritzel: *„Na, wie geht es deinem Vater?“ „Ach, es geht so. Er hatte gestern einen Schlaganfall“*, meint Fritzel. *„Oh, wie schlimm!“*, antwortet die Lehrerin. Fritzel: *„Und ob, sieh dir nur mal meinen Hintern an!“*

Im Leben eines Mannes gibt es drei Phasen in seinem Verhältnis zum Vater. In der ersten Phase sagt er: *„Mein Papa ist stärker, besser und größer als dein Papa.“* In der zweiten Phase tönt er: *„Mein Alter hat keine Ahnung!“* Und in der dritten Phase meint er: *„Mein Vater hätte dazu gesagt...“* Das ist die normale Reihenfolge in einer normalen Familie. Das Kind erlebt Liebe und Geborgenheit im Elternhaus. Dann kommt die innere und äußere Ablösung vom Elternhaus. Da gibt es Spannungen und Auseinandersetzungen. Da biegen sich die Balken. Das ist auch normal so. Das ist die Zeit, wo junge Leute ein Buch schreiben können. Das Buch trägt den Titel: *„Meine Eltern sind in einem schwierigen Alter“*. Und im späteren Erwachsenenalter wird man dann dankbar für die Eltern. Wer das so erlebt hat, wird bestätigen, dass die Familie eine sehr gute Erfindung ist. Wer so eine Familie erlebt hat, dem wird es nicht schwerfallen, das vierte Gebot zu halten. *„Du sollst deinen Vater und deine Mutter ehren, auf dass du lange lebst in dem Lande, das dir der Herr, dein Gott, geben wird.“*

Was ist aber nun mit denen, die keine Geborgenheit erfahren haben? Was ist mit den Scheidungskindern? Was ist mit denen, die nicht wissen, wen sie denn ehren sollen? Sie kennen entweder ihre Eltern gar nicht oder sie haben so viele Väter oder Mütter, dass sie das Zählen schon lange aufgegeben haben. Und was ist mit denen, die unerwünscht auf die Welt gekommen sind? Denen gesagt wurde: *„Du bist nur ein geplatzter Gummi."* Oder was ist mit denen, die zum Gerichtsfall geworden sind, weil die Sterilisation der Mutter erfolglos war? Und dann ist doch ein Kind gekommen und der Arzt wird auf Schadenersatz verklagt. Das Kind ist dann ein Schadensfall. Auch wenn niemand darüber spricht, wird es das Kind bestimmt mitkriegen und zu spüren bekommen. Und was ist mit jungen Leuten, die mitbekommen, dass sie eigentlich noch eine Schwester oder einen Bruder hätten, aber die Mutter hat abtreiben lassen? Dann kommt die erschütternde Frage hoch: Wenn Mutter mich nun abgetrieben hätte? Und dann wächst der Ekel vor den Eltern. Was ist mit den Kindern, die weder misshandelt noch missbraucht wurden, die von der Barbie bis zum eigenen Badezimmer, vom Fernseher bis zur jährlichen Fernreise und vom Dreirad am zweiten Geburtstag bis zum Vierrad zum 18. alles hatten? Aber eins haben sie nie bekommen – Liebe! Die Eltern hatten keine Zeit für ihr Kind und kein Interesse für seine Freuden und Probleme. Wer soll denn da noch die Eltern ehren? Da wird's doch erst richtig spannend – oder? Gilt unter diesen Umständen das Wort Gottes noch? Gilt hier noch das vierte Gebot? Wie soll man denn eine Schlampe, einen Säufer, einen Tagedieb oder einen Tyrannen ehren? Das geht doch zu weit! Da kriegt man doch bei der nächsten Gelegenheit lieber die Kurve und macht sich vom Acker. Das Ergebnis ist: Viele Eltern, die ihre Kinder allein gelassen haben, werden im Alter von ihren Kindern allein gelassen. Das läuft nach dem Schema *„Wie du mir, so ich dir"*.

Und es stimmt auch, dass viele Eltern sich die Verachtung ihrer Kinder verdient haben.

Gott weiß das. Und dennoch sagt Gott: Du sollst Vater und Mutter ehren! Warum soll also ein Mensch seine Eltern ehren? Die Antwort heißt: Aus Achtung vor Gott!

Weil Gott der Erfinder der Familie ist. Er hat diese Einrichtung gewollt. Die Familie ist also eine gute Ordnung. Weißt du, Gott hat dir deine Eltern gegeben. Durch die Eltern hast du dein Leben von Gott geschenkt bekommen. Die Eltern sind zwar nicht die Schöpfer, aber die Kollegen, die Partner des Schöpfers. Gott schenkt durch die Eltern Kinder und er kann auch Kinder verwehren. Auch die Autorität ist den Eltern nur geliehen. Die haben die Eltern nicht aus sich selber, sondern vom Vater im Himmel. Die Eltern dürfen niemals vergessen, dass sie der höchsten Autorität, also Gott, Rechenschaft geben müssen. Gott will eines Tages von den Eltern wissen: Was hast du mit deinem Kind gemacht und was hast du unterlassen?

Außerdem kann kein Kind sich die Eltern aussuchen und niemand kann jemals Vater oder Mutter loswerden. Deshalb ist das Gebot nicht in erster Linie ein Gebot für kleine Kinder, sondern besonders für Erwachsene. Das Elterngebot gilt im Alter und auch dann noch, wenn du deine Eltern nur noch auf dem Friedhof besuchen kannst.

Du musst wissen, wenn du deine Eltern ehrst, dann ehrst du damit Gott. Das Wort *„ehren“* heißt übrigens im Alten Testament der Bibel *„schwer machen“*. Es meint jemanden für bedeutsam erklären, ihm eine Bedeutung geben. Kinder ehren ihre Eltern, wenn sie ihnen dort, wo sie als Eltern wichtig sind, Gewicht geben. Die Eltern sind von Gott eingesetzt und deshalb ehrst du Gott, wenn du die Eltern wichtig machst. Natürlich ist es schwer, Eltern wichtig zu machen, die auf der ganzen Linie versagt haben. Es ist aber erstaunlich, wie tief gerade bei

Kindern von Alkoholikern und Kriminellen das Bild von Mutter und Vater verwurzelt ist. In einer Großstadt stehen Kinder um einen betrunkenen Mann und johlen und spotten. Mit dem Besoffenen treiben sie ihre Spielchen. Plötzlich durchbricht ein Mädchen den Kreis der schreienden Kinder, nimmt den Säufer bei der Hand und führt ihn weg. *„Warum tust du das?“*, rufen die anderen. Das Mädchen antwortet: *„Er ist doch mein Vater.“*

Sollten deine Eltern keine guten Eltern, sondern nur deine Erzeuger sein, dann kann das kein Grund dafür sein, dass du kein gutes Kind bist. Wenn deine Eltern den Willen Gottes mit Füßen treten, dann sagt Gott nicht zu dir: *„Du brauchst meinen Willen auch nicht zu halten. Du hast es ja nie anders kennen gelernt.“* Und wenn du sagst: *„Ich mache mal alles anders als meine Eltern. Das tue ich meinen Kindern nicht an“*, dann lass dir gesagt sein, das schaffst du nur unter größter Kraftanstrengung oder nie. Das ist nämlich ein lebenslanges Training. Viele, die das gesagt haben, sind später sehr erschrocken, als sie Worte aus ihrem eigenen Mund hörten, die sie früher bei ihren Eltern gehasst haben. Die meisten machen nämlich alles genau so wie ihre Eltern. Gott macht dir aber mit diesem Gebot Mut, dass du es gut machst, auch wenn es anstrengend ist. Er will dir sogar die Kraft dazu geben. Und wenn du es ganz anders machen willst, dann fange doch heute mit deinem Training an. Auch wenn du noch keine Kinder hast, fang bei deiner Einstellung zu deinen Eltern an. Indem du deine negative Einstellung zu deinen Eltern veränderst, beginnst du das Training für die spätere Erziehung deiner eigenen Kinder. Hier an dieser Stelle will ich nur mal sagen: Jeder, der Vater oder Mutter wird, wird an seinem Kind schuldig. Wenn im Kreißsaal der Schreihals sein erstes Rockkonzert gibt, dann können die Eltern schon sagen: *„Ich werde an diesem Kind schuldig.“*

Und weil Gott das weiß, deshalb sagt er: Ehre deinen Vater und deine Mutter. Auch wenn die Eltern kein ehrenhaftes Leben führen, dann soll ich sie um Gottes Willen ehren. Das ist meine Verantwortung als Kind vor Gott.

Hier muss auch mal deutlich gesagt werden, dass Gott dieses Gebot rausgegeben hat. Manche christlichen Eltern erlauben sich, hier selber wie Gott aufzutreten. Sie setzen sich an die Stelle Gottes und missbrauchen dieses Gebot als Erziehungsmittel. Bei jeder kleinen oder größeren Auseinandersetzung mit ihrem Kind holen sie dieses Gebot raus und hauen es dem Kind um die Ohren. Das Ergebnis sind dann unmündige Kinder, die sich ständig gegenüber ihren Eltern schuldig fühlen. Die Kinder werden so mit dem vierten Gebot seelisch und geistig unterdrückt. Und dann kann es dazu kommen, dass die Kinder lebens- und eheunfähig werden. Das vierte Gebot wird durch die Eltern zum erhobenen Zeigefinger, und die Kinder möchten am liebsten mit dem *„Stinkefinger"* antworten.

Kinder, die mit Hass, Wut, Vorwürfen und Anklagen gegen ihre Eltern durchs Leben gehen, gibt es erschreckend viele. Sie stehen in der Gefahr davon krank zu werden. Man müsste heute eigentlich sagen: *„Das Beste, was wir unseren Kindern für die Zukunft bieten können, ist ein guter Psychotherapeut."*

Psychotherapeuten berichten übrigens, dass 90% ihrer Klienten die eigenen Eltern absolut kritisch sehen. Daraus könnten sich zwei Dinge ergeben. Entweder haben Eltern in ihrer Erziehung so viel falsch gemacht, dass die Kinder daran seelisch kaputt gegangen sind. Oder kranke Menschen sind Leute, die ihre Eltern grundsätzlich ablehnen. Die den Eltern ihre Fehler niemals verzeihen können. Die den Eltern grundsätzlich die Schuld für ihr eigenes Versagen in die Schuhe schieben. Und wer so denkt und lebt, der kommt aus der Verbitterung nie heraus. Der verscherzt sich nämlich den zweiten Teil des Gebotes. Dort steht: *„...auf dass du lange lebst in dem Land, das dir der Herr, dein Gott, geben wird."*

Spätestens hier merkt jeder: Das Elterngebot ist zugleich ein Liebesangebot an die Eltern und ein Liebesangebot an die Kinder. Es ist ein Gebot für Kinder und für Eltern. Es ist nämlich das einzige Gebot, in dem Gott etwas verspricht. Er verspricht hier nichts den Eltern, sondern den Kindern. *„Du sollst deinen Vater und deine Mutter ehren, auf dass du lange lebst in dem Land, das dir der Herr, dein Gott, geben wird."* Die Kinder sollen die Eltern ehren. Darum geht's im ersten Teil. Das Versprechen im zweiten Teil ist aber eine Herausforderung an die Eltern. Den Kindern werden von Gott lange Tage versprochen. Diese Tage leben sie in einem Lebensraum, für den Gott der Herr zuständig ist. Den Lebensraum schafft Gott und stellt ihn dem Kind zur Verfügung. Und diesem Versprechen von Gott dürfen die Eltern sich nicht entgegen stellen. Sie haben sogar dafür zu sorgen, dass ihre Kinder sich in diesem, von Gott versprochenen Land, entfalten und mündig leben können. Die Eltern haben Begabungen zu fördern und Grenzen aufzuzeigen, also sich um das Wohl und Gedeihen der Kinder zu bemühen.

Ein besonders schmerzliches Thema ist natürlich die Misshandlung und der Missbrauch von Kindern. Und ich frage mich manchmal: Wie kann ein Mädchen, dass vom eigenen Vater sexuell missbraucht wurde, jemals beten: *„Vater unser im Himmel"*. Misshandlung und Missbrauch verderben den Kindern nicht nur die Entfaltung ihres Lebens in dem Kinderland, das Gott geschenkt hat. Misshandlung und Missbrauch verderben den Kindern auch die Beziehung zu Gott. Ein Kind, dem so sehr Unrecht angetan wurde, kann nur über den langen und sehr beschwerlichen Weg der Vergebung einen Zugang zum vierten Gebot bekommen. Und dieser Vergebungsweg kann nur wirklich bewältigt werden, wenn das Kind von Jesus an die Hand genommen wird. Wenn es Jesus an seine Vergangenheit ranlässt, dann kann er einen Menschen dahin führen, dass er sagen kann: *„Vater! Mutter! Es ist vergeben!“* Da fallen Mauern und Menschen können plötzlich wieder frei atmen.

Das Versprechen von Gott heißt ja auch, wer Gottes Ordnungen einhält, hat Zukunft. Und es heißt auch, wer dieses Gebot nicht beachtet, schaufelt sich sein eigenes Grab. Das wird dir so persönlich gehen und das geht einem ganzen Volk so. Bei den Nazis wurden Kinder dazu gebracht, die eigenen Eltern bei der Gestapo anzuzählen. Was daraus wurde, brauche ich euch nicht zu erzählen. Bei den Kommunisten in der DDR wurden Familien auseinander gerissen und Kleinkinder schon in der Kinderkrippe politisch ausgerichtet. *„So weht die rote Fahne“* wurde beim Winken mit den Händen erklärt. Die DDR gibt es nicht mehr.

Aber haben wir daraus etwas gelernt? Auch heute werden die Ordnungen Gottes Stück für Stück auseinander genommen. Besonders auch dort, wo es ums Ehren der Eltern geht. Es wird wohl nicht mehr lange dauern, bis auch bei uns das sogenannte Recht der Alten und Kranken nach einem selbstbestimmten Tod gesetzlich möglich wird. Und es wird dann nicht mehr lange dauern, bis aus dem Recht eine Pflicht wird, beizeiten den Abgang zu machen. Weil die Kosten sonst zu hoch sind. Weil es für die Gesellschaft und die Familie zu anstrengend wird. Eine Giftspritze ist ja billiger als ein Pflegeplatz. Nur wenige wollen noch Pflichten übernehmen. Hauptsache, ich komme zu meinem Recht. Dabei bleibt oft die Solidarität zwischen den Generationen auf der Strecke. Aber um diese Solidarität geht's auch im vierten Gebot. Eltern ehren heißt hier: Den Eltern im Alter einen würdigen Lebensraum ermöglichen. Wer einen würdigen Alten- und Pflegeheimplatz sucht, schiebt da nicht gleich die Alten ab. Die Heimlösung kann auch die bessere Lösung sein. Es sind schon zu oft Menschen schuldig geworden, weil sie der Pflege der Eltern nicht gewachsen waren. Manchmal wurde sogar der Tod der Eltern herbeigewünscht oder man hat nachgeholfen.

Eine Frage bleibt aber nun noch: Gibt es beim vierten Gebot Grenzen? Muss ich manchmal die Autorität der Eltern ignorieren? Ehrfurcht vor den Eltern hat ja auch mit Respekt und Gehorsam zu tun. Es gibt aber Situationen, in denen Kinder ihren Eltern Respekt und Gehorsam verweigern müssen. Das passiert nämlich immer dann, wenn Eltern von ihren Kindern etwas verlangen, was gegen den Willen Gottes steht. Das Ehren der Eltern entfällt deshalb nicht. Auch in so einer Situation ist den Eltern die Stimme zu geben, die ihnen zusteht. Sie waren dennoch die Partner des Schöpfers. Aber für die Autorität der Eltern gibt es Grenzen. Zum Beispiel, wenn die Kinder heiraten. Die Bibel sagt: *„Darum verlässt ein Mann seine Eltern und verbindet sich so eng mit seiner Frau, dass die beiden eins sind mit Leib und Seele."* (1. Mose 2, 24) Ab diesem Augenblick dürfen Eltern das erwachsene Kind nicht festhalten, nicht bevormunden und gleich gar nicht in die Ehe des Kindes hineinreden. Es geht sie nichts an! Eltern, die das tun, bringen die Ehe ihrer Kinder in Gefahr. Um das nicht zu fördern, sollte dem jungen Paar bei der Hochzeit mindestens das eigene Schlafzimmer und die eigene Küche zur Verfügung stehen. Die Autorität der Eltern hört auch dort auf, wo Kinder zum Gesetzesbruch verführt werden. Wenn die Eltern ihre Kinder zum Übertreten der Gebote Gottes oder zur Kriminalität verführen wollen, müssen die Kinder sich dagegen stellen. Bei den Geboten Gottes gibt es keine Kompromisse. Denn wer bei solchen Forderungen seinen Eltern gehorcht, setzt die Eltern über den Willen Gottes. Der stößt damit Gott vom Thron und setzt seine Eltern auf den ersten Platz, und dort haben die Eltern nun wirklich nichts zu suchen. Jesus sagt: *„Wer Vater und Mutter mehr liebt als mich, der ist mein nicht wert."* (Matthäus 10,

37) Liebe Freunde, das wichtigste Ziel in unserem Leben ist, dass wir den Willen Gottes tun und in den Himmel kommen. Und diesem Ziel ist alles andere untergeordnet. Dieses Ziel ist wichtiger als die Familie. Das vierte Gebot wird deshalb nicht aufgehoben. Aber es ist eben nicht das erste Gebot, in dem steht *„Ich bin der Herr, dein Gott, du sollst keine anderen Götter neben mir haben."* Wir wissen jetzt, dass wir es bei diesem Gebot nicht nur mit unseren Eltern zu tun haben, sondern mit der höchsten Autorität, mit dem Vater im Himmel.

Wir wissen auch: Wer die Eltern verspottet, der verspottet Gott. Wer die Eltern ehrt, ehrt Gott. Und Gott sagt das, obwohl er unsere Verhältnisse und Beziehungskisten kennt. Schon in der Bibel werden uns miserable Familienverhältnisse vorgestellt.

Noah ist der erste Vater, der sich besäuft und nackt in seiner Bude rumliegt. (1. Mose 9, 20 ff) Isaak wird von seinem zweiten Sohn betrogen. (1. Mose 27) Jakob muss den Streit zwischen seinen Söhnen verkraften. (1. Mose 37) Das sind doch Leute, die haben mit Gott gelebt. Tut bitte nicht so, als wären die christlichen Familien viel besser. Ein Therapeut sagte mir: *„Bei den Christen gibt es alles an Problemen, was es sonst auch gibt. Und die Frömmsten sind die Schlimmsten."* Was sich heute in den Familien abspielt, davon brauche ich euch ja nichts zu erzählen. Das erlebst du entweder in deiner eigenen Familie oder du hörst es von deinen Nachbarn und Freunden. Aus dem Familienparadies ist eine Hölle geworden. Die Insel der Geborgenheit wurde von einem Meer aus Blut und Tränen überspült. Die Sprüche, die Eltern sich gegenseitig sagen, erzählen davon. *„Kleine Kinder – kleine Sorgen, große Kinder – große Sorgen."* Oder: *„Kleine Kinder treten ihren Müttern auf die Füße. Große Kinder treten ihren Müttern aufs Herz."* Noch einen? *„Je verwandter, je verdammter."* Warum ist das so? Könnte es sein, wenn ganze Generationen den lebendigen Gott nicht ehren, dass die Menschen dann auch Vater und Mutter nicht ehren? Dass die Menschen dann sogar die Ehrfurcht gegenüber anderen Menschen verlieren?

Über diesen vielen kaputten Beziehungen, über dem Leid, das sich in den Familien abspielt, steht der Vater im Himmel und sagt: *„Kann eine Frau ihr Kind vergessen? Bringt sie es übers Herz, das Neugeborene seinem Schicksal zu überlassen? Und selbst wenn sie es vergessen würde – ich vergesse dich niemals.“* (Jesaja 49, 15)

Wie ist das denn zu verstehen? Wenn eine Mutter ihr krankes Kind Tag und Nacht pflegt, wo andere Menschen schlafen, und du sie fragen würdest: *„Warum hast du das Kind noch so lieb?“* Dann würde die Mutter sich über so eine Frage sehr wundern und sagen: *„Es ist doch mein Kind!“* Ob sie ihr Kind liebt, darüber verschwendet sie keinen einzigen Gedanken. Das ist einfach so. Und sollte ihr Kind ein Sorgenkind werden, dann liebt sie es immer noch. Und wenn ihr Kind mit dem Gesetz in Konflikt kommt und die Gesellschaft es ins Gefängnis stecken muss, dann ist das der Mutter nicht gleichgültig. Sie leidet mit ihrem Kind. So groß kann die Liebe einer Mutter sein. Die Liebe Gottes ist noch größer! Und weil Gott uns so sehr liebt, deshalb kann er es nicht mit ansehen, wie seine Kinder ins Verderben rennen. Und deshalb hat der Vater im Himmel seinen Sohn auf unsere Erde und ans Kreuz geschickt. Jedem Menschen in jeder Familie bietet er mit Jesus Vergebung an. Am Kreuz kannst du erkennen, wie schlimm es um uns steht. Das Kreuz ist auch die Rettungsstation für verunglückte Beziehungen und zerstrittene Familien. Dort werden Familienwunden behandelt. Dort wird Schuld vergeben. Auf dieser Rettungsstation können Familien gesund werden und neu anfangen. Am Eingangstor der Rettungsstation steht in großen Buchstaben: SO IST VERSÖHNUNG. Und der Chefarzt sagt zu seinen Patienten: *„Lasst euch versöhnen mit Gott, dann geht manches in der Familie anders.“*

Leben und leben lassen

Das fünfte Gebot

„Du sollst nicht morden."
2. Mose 20, 13

Ein römisch-katholischer Priester, ein evangelischer Pfarrer und ein jüdischer Rabbiner sitzen beisammen und diskutieren über den Beginn des Lebens. Der Katholik sagt: *„Ganz klar, das Leben beginnt mit der Zeugung. Sobald das Ei befruchtet ist, spricht man vom Leben."* Der evangelische Pastor daraufhin milde: *„Na, das ist doch wohl etwas zu früh. Ich sehe den Beginn des Lebens wohl auch vor der Geburt, doch so früh...?"* Sie fangen an zu streiten, und als sie auf keinen grünen Zweig kommen, fragen sie den Rabbi, der unbeteiligt daneben sitzt: *„Wann beginnt das Leben?"* Der antwortet *„Das Leben beginnt, wenn die Kinder aus dem Haus sind."*

Die Bibel sagt, dass dein Leben in den Gedanken Gottes beginnt. *„Du sahst mich schon fertig, als ich noch ungeformt war."* (Psalm 139, 16) Das ist doch toll – oder? Gott sagt JA zum Leben! Sagt er das wirklich? Wenn du die Nachrichten siehst, da kann dir schon die Frage kommen. Bei Krieg, Hunger und Mord fragen viele: *„Ist Gott wirklich für das Leben?"* Da muss man doch den Eindruck bekommen, dass Gott nicht der Freund, sondern der Feind des Lebens ist. Die Bibel zeigt, dass Gott der Freund des Lebens ist. Gott ist nicht nur der Freund des Lebens. Er ist der Erfinder des Lebens. Er hat die Urheberrechte auf alle Lebewesen. Dieser geniale Vater wird doch seine Kinder nicht ablehnen. Gott liebt die Menschen. Gott ist gut. Das kannst du schon auf den ersten Seiten der Bibel studieren. Da siehst du, wie Gott mit viel Liebe den Lebensraum des Menschen zusammenbastelt, eben diese Welt. Wie ein Vater, der für sein Kind eine Spielzeugeisenbahn baut, damit das Kind zu Weihnachten daran seine Freude hat. Und dann kommt der Moment, wo die Tür zur Weihnachtsstube aufgeht. Jetzt, wo die Eisenbahn fertig ist, kann das Kind damit spielen. Und Gott sagt: *„Auf, lasst uns Menschen machen, die glücklich leben."* Jetzt, wo die Welt fertig ist, setzt Gott den Menschen rein. (1. Mose 1, 26 ff) Dieser Gott kann doch nicht das Leben ablehnen. Er will, dass du lebst! Wer 14, 40 oder 80 Jahre alt geworden ist, der lebt – weil Gott es will. Jeder Lebenswille in dir drin ist ein Geschenk von Gott. Dieses Geschenk spürt der Kranke, der gesund werden will. Das Ehepaar, das Kinder will. Die Sterbende, die weiterleben will. Alle haben die Sehnsucht nach Leben von Gott bekommen.

Wenn du anfängst über das Leben nachzudenken, was das Leben denn nun überhaupt ist, dann ist das gar nicht so einfach. Ich denke an den Pfarrer, der zu einer Dienstbesprechung fährt, und sein Auto knallt an einen Baum. Ein Mann, der eben noch sein Auto steuerte, ist plötzlich nicht mehr da. Das Leben ist weg. Oder eine Mutter legt ihr Kind schlafen. Als sie es wecken will, findet sie ihr Kind tot im Bett. Das Leben ist weg. Von einem Augenblick zum Nächsten kann das Leben weg sein. Was ist das, was jetzt da ist und plötzlich nicht mehr da ist? Es ist doch schwer zu erklären! Die sinnvollste Erklärung ist, dass es ein geheimnisvolles Geschenk aus der Hand des Schöpfers ist.

In der Bibel wird von einem Mann berichtet, der heißt Hiob. Der musste seine Kinder beerdigen und bekennte: *„Der Herr hats gegeben, der Herr hats genommen; der Name des Herrn sei gelobt!"* (Hiob 1, 21)

Das heißt, nur Gott hat das Recht Leben zu geben und Leben zu nehmen. Kein anderer darf Gott da ins Handwerk pfuschen. Und kein anderer darf das Leben, das Gott geschenkt hat, einem anderen wegnehmen. Da wird nämlich nicht nur der Beschenkte beklaut, sondern auch Gott. Auch der Beschenkte darf mit seinem Geschenk nicht einfach machen, was er will. Er hat sich das Leben ja nicht selber gegeben, also darf er es sich auch nicht nehmen. Kein Mensch hat das Recht wegzuwerfen, was der Schöpfer ihm gegeben hat. Denn Gott sagt im fünften Gebot: *„Du sollst nicht töten."* Eigentlich steht dort: *„Du sollst nicht morden."* Gott hat einen Schutzgürtel um das menschliche Leben gelegt. Leben und leben lassen.

Hier geht es übrigens nicht ums Töten von Tieren. Das Töten von Tieren wird in der Bibel *„Schächten"*, das heißt auch Schlachten, genannt. Du kannst also deinen Fleischverzicht nicht mit dem fünften Gebot begründen.

Wer ruft: *„Kinder kommt rein, das Essen wird welk"*, kann sich nicht auf dieses Gebot berufen. Gott schützt mit diesem Gebot das menschliche Leben.

Im Jahr 2000 gab es in Deutschland eine Umfrage: Welche Bedeutung haben die Gebote? An erster Stelle stand das fünfte Gebot: *„Du sollst nicht töten."* Warum? Weil vielleicht viele Leute der Meinung sind, dieses Gebot kann ich halten und werde es nie brechen? Das ist doch kein Problem! Wenn es so ist, dann brauche ich nicht lange darüber reden, dann sind wir in fünf Minuten fertig. Bevor wir aber zu kurz schießen, will ich mit euch einen Berg besteigen. Das ist der Berg, auf dem Jesus die Predigt gehalten hat, die als Bergpredigt in die Geschichte eingegangen ist. Jesus kaut gerade mit seinen Freunden die zehn Gebote durch und ist beim fünften Gebot angekommen (MATTHÄUS 5, 22 FF). *„Ihr wisst"*, sagt er, *„dass euren Vorfahren gesagt ist: Du sollst nicht töten."* Einer von den Jüngern verändert etwas seine Gesichtsfarbe. Der gehört zu den Zeloten, das ist so eine nette terroristische Einheit, die ab und zu mal paar Römer platt macht. Denn die Römer sind die Besatzer. Aber die anderen Kumpels gucken alle Jesus ganz treuherzig an und denken sich: *„Geht uns doch nichts an." „Wer tötet, kommt vor Gericht"*, sagt Jesus weiter. Doch plötzlich kriegen die anderen auch weiche Knie. Jesus erklärt: *„Jeder der auf seinen Bruder zornig ist, gehört schon vor Gericht. Wer zu seinem Bruder sagt: ‚Du Hohlkopf!', der gehört vor den Hohen Rat. Und wer zu ihm sagt: ‚Du gottloser Narr', der gehört in die Hölle."*

Wütende Worte und grausame Morde stehen bei Jesus auf einer Stufe. Mord beginnt eben nicht erst dort, wo ich einem anderen mit dem Beil den Schädel spalte oder Gift in seinen Kaffee mische. Mord beginnt mit Gedanken, Gefühlen und Worten. Da, wo ich einen Menschen innerlich abschreibe, werde ich vor Gott schon zum Mörder, meint Jesus!

So war das auch beim ersten Mord. (1. Mose 4) Das Paradies hat sich gerade hinter den Menschen geschlossen. Der Mensch hat sich gegen Gott entschieden. Das war der Sündenfall. Aber Gott lässt dennoch das Leben weitergehen. Adam und Eva bekommen ihr erstes Kind. Sie warten sehnsüchtig auf den Tag der Geburt. Eva liest Erziehungsbücher und häkelt eine bunte Mütze für den kleinen Schnuckiputzi.

Adam baut eine Wiege und tapeziert das Kinderzimmer mit Teletubbie-Tapete. Und als der Winzling zur Welt kommt, wird gejubelt: *„Ich habe einen männlichen Nachkommen gewonnen mit dem Herrn."*, singt die Eva. Beim Einkaufen kommt sie nun an den Überraschungseiern nicht mehr vorbei. Und Adam übt schon fleißig mit Legosteinen den Turmbau zu Babel. Mutterglück und Vaterstolz. Und sie nennen ihren Sprößling Kain, das heißt Lanze oder Pfeil. Eva freut sich nicht nur über das Kind, sondern auch, dass Gott sein Versprechen gehalten hat. Er hatte ihr nämlich versprochen, dass sie die Lebensspenderin sein soll. (1. Mose 3, 16) Später kommt dann noch ein zweites Kind zur Welt und das bekommt den Namen Abel, das heißt Hauch oder Vergänglichkeit.

Die beiden Burschen werden groß und lernen einen Beruf. Kain wird Bauer. Abel wird Hirte. Und beide leben mit Gott. Das wäre super, wenn es in der Gesellschaft viele solcher jungen Männer gäbe, die zu Gott beten und ihren Job ernst nehmen. Nun kam aber Neid auf, weil der Kleine, der Abel, vor Gott mit seinem Opfer besser ankam als der Große. Und nun steht hier: *„Da ergrimmte Kain und senkte finster seinen Blick."* Damit beginnt der Mord. Die gute Erziehung, die Angst vor den Folgen, die Hemmschwellen sind stärker als die Lust, dem anderen die Fresse zu polieren. Diese Hemmschwellen hindern uns das zu tun, was wir eigentlich gern tun möchten. Doch dann gibt es Methoden, dass die Hemmschwelle langsam gesenkt wird. Kain zieht sich Brutalofilme rein. Er macht mit seinen Freunden Mutproben. Wer kann, während der Horrorfilm läuft, am längsten Torte essen, ohne dass er dabei kotzen muss? Nachdem er sich Mut angetrunken hat, brüllt er Parolen wie *„Nur ein toter Abel ist ein guter Abel!"* Mit Witzen am Stammtisch zieht er seinen Bruder in den Dreck. Abelwitz – Judenwitz – Auschwitz, ist die Devise. Jeder Mord hat seine Vorgeschichte. Worte, die dem Opfer das Menschsein und das Lebensrecht absprechen.

Auch das Töten von sogenanntem lebensunwerten Leben, mit dem hochtrabenden Wort *„Euthanasie"* beschrieben, wurde von den Nazis auf der Gefühlsebene mit einem Film vorbereitet. Wir müssen doch die so sehr leidenden Menschen von ihrem Leid befreien, meinte man damals. Und als das Morden begann, haben sich nur noch ganz wenige dagegengestellt. Seit Ende der 80er Jahre werden ähnliche Thesen wieder diskutiert. Der Australier Peter Singer plädierte für die Tötung von behinderten Babys nach der Geburt. Diese Thesen wurden in der Zeitschrift *„Die Zeit"* diskutiert. Ein Rollstuhlfahrer kettete sich damals am Eingang der Redaktion an und wollte nicht nur gegen die Thesen protestieren, sondern die öffentliche Diskussion überhaupt verhindern. Er hatte kapiert, dass Töten mit dem Denken und Reden beginnt. Heute erleben wir nun diese leidvolle Diskussion in allen Zeitungen, wo es inzwischen nicht nur den Christen hochkommt, sondern auch manchen Politikern zu heiß wird, weil sie ahnen, dass wir uns daran nicht nur die Finger verbrennen.

Im Fragekasten einer Jugendwoche fand ich einen Zettel: *„Noch eine Frage zur Gentechnik. Ich weiß und es leuchtet mir ein, dass der Mensch niemals ein perfektes Lebewesen erschaffen kann. Aber sollte man deswegen diese Wissenschaft total ablehnen?"*

Es geht doch nicht darum die Gen-Forschung abzulehnen, sondern der Wissenschaft Grenzen zu zeigen. Die Grenze wird zum Beispiel überschritten, wenn in der aktuellen Diskussion zwischen biologisch menschlichem Leben und der menschlichen Person unterschieden wird. Hier steht Menschenwürde nur einer menschlichen Person zu, die körperlich unversehrt ist, die Selbstbewusstsein hat und über Vernunft verfügt. Alles andere ist dann *„nur"* biologisch menschliches Leben und das hat keinen Anspruch auf Menschenwürde. Und bei der Frage nach Menschenwürde wird dann zwischen lebenswertem und lebensunwertem Leben unterschieden. Und wie sehen die Folgen aus? Alten, Kranken und Behinderten wird die Menschenwürde aberkannt. Wir betreiben Embryonenzüchtung zum Zweck der Ersatzteilgewinnung, auch *„therapeutisches Klonen"* genannt. Und dann erfinden die Menschen Methoden, bei denen die besten Embryonen ausgesucht werden und kranke sowie überzählige Embryonen als lebensunwertes Leben entsorgt werden. Und Gott hält dagegen: Du sollst nicht morden. Menschenwürde ist nicht mit körperlichen, seelischen und geistigen Fähigkeiten gleichzusetzen. Der Mensch hat Würde, weil er von Gott das Leben bekam. Wenn der Mensch zum Ebenbild Gottes geschaffen ist, dann hat er Würde von der Befruchtung der Eizelle bis zum Tod und darüber hinaus. Und deshalb dürfen wir nicht über den Lebenswert eines Menschen entscheiden.

Kain hat lange genug gegrübelt, diskutiert und Hetzreden geschwungen. Jetzt schlägt er zu. Er schlägt seinen Bruder tot.

Über den Abschuss der ersten Atombombe über Hiroshima wird von einem Beteiligten der Flugzeugbesatzung eine seltsame Einzelheit erzählt. Von der ganzen Besatzung wussten nur drei Personen genau, um was es ging: Ein Hauptmann, ein Major und der Berichterstatter. Den übrigen Teilnehmern war nur bekannt, dass eine neuartige Waffe ausprobiert werden sollte. Als 9.15 Uhr dieser weiße Blitz aufzuckte, der 100.000 Menschen das Leben kostete, da haben mehrere Besatzungsmitglieder wie aus einem Mund gerufen: *„Mein Gott!"* Was jeder einzelne gedacht und gefühlt hat, das kann niemand sagen. Aber eins wird deutlich: Wenn Menschen getötet werden, da geht es nicht um Menschen allein, da geht es um Gott. Und zwar um den Gott, dem das Leben gehört. Nachdem der Major auf den Knopf gedrückt hatte, hörte er den Aufschrei: *„Mein Gott!"* Wer tötet, bekommt es immer mit Gott zu tun. Wer den Befehl erteilt und wer tötet, muss sich vor Gott verantworten. Denn Gott gebietet: *„Du sollst nicht morden."*

So ist es auch beim ersten Mord in der Geschichte der Menschen. Kain wird sofort, nachdem er seinen Bruder erschlagen hat, von Gott gefragt: *„Wo ist dein Bruder Abel?"* Und er muss antworten. Das vergossene Menschenblut schreit zu Gott, es bekommt eine Stimme. Weil der Mensch vor Gott Wert hat. Wenn du bei einer Waage auf die eine Seite alle Börsenwerte der Welt in die Waagschale legst und auf der anderen Seite du als einzelner Mensch sitzt, dann würde die Schale, in der du sitzt, bei

Gott das Übergewicht bekommen. Und wenn auf dieser Schale ein Schwerstbehinderter sitzt, dann bekommt diese Seite bei Gott das Übergewicht. Und wenn auf dieser Schale ein Fliegengewicht wie ein Embryo sitzt, dann bekommt diese Seite bei Gott das Übergewicht.

Und wenn wir weiterdenken, dann kommen uns auch die finsteren Tatsachen in den Sinn, die nicht in der Politik, sondern in unseren Familien passieren. Da spricht man mit keinem Menschen darüber. Darüber spricht man höchstens mit dem Arzt. Und später, wenn die Alpträume kommen, dann spricht man vielleicht noch mit Gott. Es ist eine heimliche, ja sogar unheimliche Feindschaft gegen das Leben. Es ist die Angst vor der Fruchtbarkeit. Ich weiß, das sind Dinge über die man nicht reden kann, ohne seelische Wunden zu berühren.

Wunden, die nie verbunden wurden. Die nie behandelt wurden. Die nie gepflegt wurden. Und die verborgen bis zum letzten Lebenstag weh tun. Es geht aber darum, dass der Lebensmut in unserer Gesellschaft schon so weit verschwunden ist, dass wir es nicht mehr wagen, Kinder in die Welt zu setzen. *„Mein Gott“* kann man da nur noch rufen, wenn in Deutschland Tausende Kinder jedes Jahr im Mutterleib getötet werden.

Liebe Freunde, ich habe Hochachtung vor einer kleinen Frau, die eine Vergewaltigung erlebt hat. Sie bekam davon ein Kind. Viele rieten ihr zur Abtreibung. Sie hat lange mit sich gerungen und dann gesagt: *„Das Kind kann doch nichts dafür und Gott sagt: ‚Du sollst nicht töten!‘ Gott hat das Kind gewollt und ich will mich nicht dagegen stellen.“* Heute geht das Kind zur Schule und ist ein Sonnenschein für seine Mitmenschen.

„Mein Gott“ haben die Männer im Todesflugzeug über Hiroshima gerufen, als sie das fünfte Gebot 100.000fach brachen. Du kannst das Gebot betrachten wie du willst, es wird immer den Ruf nach Gott fordern, weil wir sonst verzweifeln müssten. Wir können nur zu Gott schreien.

Und dieser Schrei wird erhört. Weil Gott selber Mensch geworden ist. Jesus ist das *„JA"*, das Gott zum Leben sagt, damit wir das Leben in Fülle haben und dass wir Frieden ins Herz bekommen.

Es riecht nämlich nach Krieg. *„Stell dir vor, es ist Krieg und keiner geht hin"*, haben wir früher bei den Bausoldaten (Wehrdienst ohne Eid und Waffe) in der DDR argumentiert. Das wäre ja schön, wenn es so wäre. Aber wäre dann wirklich kein Krieg mehr? Da ist doch immer noch Kriegsatmosphäre. Da steht das Thermometer doch immer noch auf kalte Herzen. Aber Gott will, dass der Mensch dennoch lebt und seinen Mitmenschen leben lässt. Gott will, dass der sündige Mensch lebt. Gott will sogar, dass der Mensch, der gegen Gott Krieg führt, leben kann. So entschlossen wie der Mensch ohne Gott lebt, so zäh ist der Lebenswille von Gott. Gott liebt so unnachgiebig, dass er sich nicht damit abfinden kann, wenn der Mensch nicht fähig ist Frieden zu schaffen oder Krieg zu verhindern. Das sehen wir auch bei Kain! Was jetzt mit dem Kain passiert, ist unglaublich und absolut unverständlich. Ihm schlägt das Gewissen und er hat die Hose voll geschissen, weil er Angst hat. Er hat Angst vor Gott und den Menschen. Er hat Angst, dass er jetzt umgebracht wird. Und Gott schützt den Mörder. Gott verpasst ihm ein Schutzzeichen, dass ihm nichts passiert. *„Gott machte Kain ein Zeichen auf die Stirn, damit jeder wusste: Kain steht unter dem Schutz des Herrn."* (1. Mose 4, 15) Ist das zu fassen? Gott will, dass auch der Mörder lebt! Das ist doch unbegreiflich, dieses Schutzzeichen.

Genau so unbegreiflich ist ein anderes Schutzzeichen, das Kreuz. Und damit stehen wir vor dem größten Geheimnis in der Bibel. Ein Geheimnis, dass ich euch nicht erklären kann, dass du nicht begreifen kannst, dass du aber ergreifen kannst. Im Zentrum der Bibel, im Zentrum des christlichen Glaubens, in der Mitte wird das Gebot: *„Du sollst nicht töten."* übertreten, nämlich am Kreuz! In der Mitte des christlichen Glaubens steht das Kreuz, an dem der Sohn Gottes getötet wird. Und am Kreuz kannst du sehen, wie es um die Menschen steht.

Jesus bekommt die Strafe, die Mörder bekommen haben. Er wird nicht nur zwischen zwei Mördern aufgehängt. (MATTHÄUS 27, 38) Er begibt sich selber an die Stelle eines Mörders. Der Mörder Barabbas (MATTHÄUS 27, 17) wird frei gelassen und Jesus wird bei lebendigem Leib an ein Holzkreuz genagelt. Ein Mörder wird freigegeben, damit man Jesus töten kann. Warum? Weil der Mensch sich nicht damit begnügt, dass in dieser Welt gestorben wird, sondern weil er auch noch mordet. Das Kreuz zerrt das ans Licht, wozu wir mit unserem Töten in Gedanken, Worten und Taten fähig sind. Das Kreuz beleuchtet alles. Wo Menschen wegsehen und Hilfeleistung unterlassen. Wo jemand an der Unfallstelle vorbei gefahren ist und bis heute nicht weiß, was er damit vielleicht angerichtet hat. Das Kreuz beleuchtet das millionenfache Sterben in den Hungergebieten der Welt. Wir tragen mit unserem gedankenlosen Lebensstil dazu bei. Und kennen wir nicht die Ausreden, wenn Spenden gesammelt werden? *„Mir hilft auch keiner. Die kaufen sich ja bloß goldene Betten von den Spendengeldern."*

Das Kreuz beleuchtet die Vergangenheit. Kriegsteilnehmer, die bestimmte unrechte Dinge nicht vergessen können. Der Autofahrer, der unaufmerksam oder angetrunken war und einen Menschen tot gefahren hat. Leute, die ihre Freundin, Frau oder Tochter mit offenen oder versteckten Drohungen zu einer Abtreibung gezwungen haben. Frauen, die deswegen die quälenden Erinnerungen nicht mehr loswerden.

Das fünfte Gebot trifft uns alle und manche besonders. Aber allen darf ich im Auftrag Gottes sagen: *„Wenn eure Sünde auch blutrot ist, so soll sie doch schneeweiß werden."* (JESAJA 1, 18) Wer Blut an den Händen hat, kann Vergebung finden. Das ist keine billige Vergebung, denn der Preis dafür ist hoch. Gott hat das Leben seines Sohnes dafür gegeben, damit wir hier leben dürfen und das ewige Leben bekommen. Gott ist ein Freund des Lebens! Jesus hat am Kreuz sogar Gott um Vergebung für seine Mörder gebeten. Das Kreuz wiegt mehr als das Gericht und die Hölle. Dort am Kreuz kannst du umkehren. Nur Jesus macht den Weg frei. Nur er kann dich heil machen. Und er will dir deine Gedanken, Worte und Taten vergeben. Bei der Suche nach einem erfüllten Leben probieren die meisten Menschen alle möglichen Dinge aus. Jeder Mensch geht, wenn er ein Problem hat, zum Fachmann: Wenn dein Golf stottert, gehst du nicht zum Schrotthändler, sondern in die Autowerkstatt. Wenn es ums Leben geht, erkundigt man sich bei allen möglichen Leuten, aber nicht beim Fachmann. Und der Fachmann ist eben Gott. Er gab dir die zehn Gebote, damit du 10x besser leben kannst. Nur er kann dir Vergebung schenken.

Da hört der Spaß auf.

Das sechste Gebot

„Du sollst nicht die Ehe brechen."
2. Mose 20, 14

Adam erwacht aus der Narkose, sieht Eva und fragt *„Liebst du mich?"* Eva darauf: *„Na wen denn sonst?"*
Gott hatte die Welt geschaffen, und immer heißt es in der Bibel: *„Es war sehr gut."* (1. Mose 1) Gott hatte den Menschen geschaffen, und da heißt es zum ersten Mal: *„Nicht gut!"* Warum? Weil der Mensch alleine war. Das heißt, nicht einmal im Paradies ist Alleinsein gut. Also lässt Gott den Menschen Gesellschaft suchen. Die Tiere marschieren vorbei und bekommen Namen. Ein Tier als Partnerersatz hilft nur teilweise. Klar kannst du mit deinem Hund Gassi gehen und mit ihm reden, aber erwidern kann der nicht sehr viel. Und deshalb handelt Gott. Er greift ein. Er macht einen Eingriff. Adam bekommt einen OP-Termin. Narkose und Eingriff werden in Angriff genommen. Und als Adam aufwacht, kriegt er sich kaum ein und sagt: *„Fleisch von meinem Fleisch. Bein von meinem Bein."* Ich frage mich, ob der Adam einen Sehfehler hatte, denn er muss doch gemerkt haben, dass Gott feineres Fleisch und feinere Beine geschaffen hat. Zumindest hat er schon mal kapiert, das ist der Partner für mich. Männer brauchen da bekanntlich etwas länger.

„Es legte Adam sich im Paradiese schlafen,
da ward aus ihm das Weib geschaffen.
Du armer Vater Adam, du!
Dein erster Schlaf war deine letzte Ruh!"

Das ist von Matthias Claudius. Über Mann und Frau wurden auch böse Witze gerissen. *„Warum hat Gott dem Adam eine Rippe geklaut? Er wollte zeigen, dass bei Diebstahl nichts Vernünftiges rauskommt."*

Passendes und Unpassendes tönt der Mensch dazu.

Aber eins wird deutlich: Die Erschaffung der Frau ist nicht der Grund für die Unterdrückung der Frau. Zu diesem Zeitpunkt heißt der Mann *„Mensch"* und die Frau *„Menschin"*. Hier beginnt also nicht die Unterdrückung der Frau. Dazu kann niemand die Bibel missbrauchen. Gott hat die Frau nicht über den Mann gestellt und nicht als Sklavin des Mannes angestellt. Er hat sie dem Adam zur Seite gestellt. Und deshalb hat Gott ihm etwas aus der Seite entnommen – den weiblichen Teil! Wenn er die Frau über den Mann gestellt hätte, dann wäre bei Adam eine Kopfoperation dran gewesen. Wenn er die Frau als Sklavin gewollt hätte, dann hätten die Füße vom Adam dran glauben müssen.

Aber nachdem der Mensch sich von Gott getrennt hatte, das war der Sündenfall, hat Gott sagt: *„Der Mann aber wird über dich herrschen."* (1. Mose 3, 16 b) Das heißt nicht, dass das der Wille Gottes ist. Das ist die Folge der Sünde, der Trennung von Gott. Die zerstörte Beziehung zu Gott macht auch die Beziehung zwischen Mann und Frau kaputt. Und eine Auswirkung davon ist, dass der Mann über die Frau herrscht und manchmal ist es auch umgekehrt. Wenn wir kapieren, dass die Beziehung zwischen Mann und Frau im Paradies losgeht, dann kann man nicht begreifen, was heute in vielen Ehen abgeht. Da ist doch aus dem Paradies die Hölle geworden – oder? Da hört der Spaß auf. Und ich frage mich manchmal, ist die Sucht nach Nähe, nach Sex, vielleicht die Suche nach dem verlorenen Paradies? Ist das eine Art Heimweh nach dem Paradies? Weil die Werbemenschen und Geschäftemacher diese Sehnsucht kennen, wird fast überall mit nackten Tatsachen geworben. Auf dem Gebiet der Sexualität ist der moderne Mensch in die Nomadenzeit zurückgefallen. Er schlägt sein Zelt auf, lässt die Herde grasen, den Dreck liegen und zieht zu neuen, unverbrauchten Weideplätzen weiter.

Die Leute fallen auf falsche Beratungen, dumme Sprüche und billige Filme rein, erhoffen sich den Himmel auf Erden und bekommen die Hölle in der Ehe. Und dann tut man sich weh, weil der andere das Paradies nicht geben kann. Da hört der Spaß auf! Und weil Gott das weiß, sagt er nicht: *„Reißt aus"* oder *„reißt euch am Riemen"*, sondern *„bleibt in der Ehe"*.

Gott schützt die Ehe! Was Gott geschaffen hat, das will er auch erhalten. Und dazu gibt er dieses Gebot. Wenn es um die Ehe geht, dann geht es immer auch um Gott. Viele denken, bei der Ehe geht es um die intimste Angelegenheit des Menschen. Wir müssen uns schon in so viele Dinge reinreden lassen. Bei der Ehe lassen wir uns nicht reinreden. Hier sind wir alleine, nur unter uns. Aber so einfach ist das nicht. Wer von der Ehe redet, der redet von einer Angelegenheit, die Gott angeht. Die Ehe ist nicht nur ein Vertrag zwischen Mann und Frau, sondern ein Geschenk von Gott und zwar von Anfang an.

Und wenn Gott jetzt zu diesem Thema spricht, dann sollten wir genau hinhören, denn er ist der Erfinder der Liebe, der Ehe und der Sexualität.

Die Beziehung von Mann und Frau ist auf Dauer angelegt. Auf Lebensdauer. Das meint Gott, wenn er sagt: *„Du sollst nicht die Ehe brechen."* Gott denkt da nicht an Lebensabschnittspartner und er meint: In eine Ehe sollst du nicht einbrechen und auch nicht ausbrechen. So wie Gott um das menschliche Leben mit dem fünften Gebot einen Zaun gezogen hat, so zieht er hier einen Zaun um die Ehe. Er zieht aber kein Gefängnisgitter, sondern ein Schutzgitter für die Ehe.

Als unsere Familie vor vielen Jahren ins Erzgebirge gezogen ist, da wohnten wir im dritten Stock. Im Hausflur war ein Fenster, das war so tief, das konnte auch von kleinen Kindern aufgemacht werden. Und hinter dem Fenster gähnte der Abgrund. Bevor wir umgezogen sind, habe ich ein Gitter an dieses Fenster gebaut, damit meine Kinder nicht rausfallen. Nun bekamen wir von Freunden Besuch. Da hat keiner gesagt: *„Du bist aber brutal. Du sperrst ja deine Kinder ein."* Und als die Großeltern kamen, sagten sie nicht: *„Du nimmst den Kindern die Aussicht"*. Als unsere Kinder 18 Jahre alt wurden, beschwerten sie sich nicht bei mir: *„Du hast uns die Chancen vermasselt. Wir wollten Spaß und mal ausprobieren, ob Fliegen wirklich tödlich ist."* Ich wollte doch meine Kinder nicht einsperren. Ich wollte sie vor dem Absturz, vor der Katastrophe bewahren. Ich habe das Gitter angebracht, weil ich sie liebe.

Das sechste Gebot ist ein Schutzzaun. Wer verheiratet ist und den Eindruck hat, dass er in Haft ist, sollte wenigstens zu Kenntnis nehmen, dass er in Schutzhaft ist. Es ist für ihn selber gut. Du brauchst dir doch nur mal die Männer und Frauen anzusehen, die das Fenstergitter durchbrochen haben. Die Gebote fangen mit Freiheit an. Nur innerhalb dieser Gebote ist also Freiheit möglich.

Es ist wohl noch zu keiner Zeit so viel über und von Sex geredet, geschrieben und gezeigt worden, wie in unserer Zeit. Und man hat den Eindruck, dass das Reden bei diesem Thema nicht Silber, sondern Schrott und das Schweigen Gold ist. Auch wenn viel Oberflächliches und auch Tiefsinniges zur Beziehung zwischen Mann und Frau gesagt wird, versteckt sich doch hinter dem Geschwätz eine große Not. Es wird nämlich auch in unserer sogenannten *„aufgeklärten Zeit"* bei diesem Thema unendlich gelitten. Gott kennt die Not, die hinter dem Geschwätz, hinter den dreckigen Witzen und hinter dem Schweigen steckt. Und deshalb bricht Gott das Schweigen und durchbricht das Geschwätz. Schon am Anfang spricht die Bibel vom Sex. Wenn es um die Ehe geht, geht es auch um Sexualität. Sex ist ein geniales Geschenk von Gott. Sex gehört als ein Pfeiler zur Ehe dazu. Selbst im Neuen Testament ermahnt Paulus die Eheleute *„Entziehe sich nicht einer dem anderen."* (1. Korinther 7, 5)

Und beim Umgang mit diesem Thema kann man vor allem zwei Wege erkennen. Der Weg ohne Gott sieht so aus, dass jeder beim Thema Nummer eins machen kann, was er will. Erlaubt ist, was Spaß macht. Das Gitter wird abgerissen. Und dann landen viele im Abgrund. Denn wer das sechste Gebot abschafft, macht sich und andere Menschen kaputt. Jede dritte Ehe strandet inzwischen vor dem Scheidungsrichter und Scheidungswaisen sowie psychische Folgen bleiben zurück. Da hört dann der Spaß auf.

Dann gibt es noch den theologischen Weg. Der sieht so aus: Man geht am Zaun entlang und untersucht die Latten. Mal sehen, ob irgendwo eine Latte fehlt oder locker ist. Man sucht nach Lücken. Und die Lückensucher haben dann folgende Frage auf Lager: Wo steht denn in der Bibel, dass man verheiratet sein muss?

Im Fragekasten einer Jugendwoche fand ich eine ähnliche Frage: *„Was sagt die Bibel über Sex vor der Ehe? Verbietet sie es durch ein Gebot vorehelicher Reinheit? Ist Sex vor der Ehe eine Sünde, wenn man sich ewig treu bleibt?"*

Es ist ein verständliches Bedürfnis. Wir haben ja keinen Himbeersaft in den Adern. Aber göttlich ist das nicht denkbar. Bei vielen Stellen in der Bibel höre ich immer wieder, das passt nicht in unsere Zeit. Das kann man heute nicht mehr so sehen. Und beim Sex außerhalb der Ehe wird dann gefragt: *„Wo steht denn das genau in der Bibel?"* Nun gibt es hier einen Satz, der ist wie eine Gebrauchsanweisung für die Beziehung von Mann und Frau. Und er hat eine sinnvolle Reihenfolge. Gott sagt:

„Darum wird ein Mann seinen Vater und seine Mutter verlassen und seinem Weibe anhangen, und sie werden sein ein Fleisch." (1. Mose 2, 24)

Der erste Schritt: Mann und Frau lösen sich innerlich und äußerlich von ihren Eltern. Jeder ist in der Lage, Verantwortung für sich und den anderen zu übernehmen.

Das ist ein öffentlicher Akt. Eine Ehe wird begründet. Der öffentlich-rechtliche Schritt ist heute in unserem Kulturkreis die standesamtliche Trauung. Wenn die Beziehung so gewachsen ist, dass man sich hundertprozentig aufeinander einlassen will, dann wird geheiratet. Doch bevor man sich auf eine Ehe einlässt, sollten wenigstens die wichtigsten Fragen geklärt sein. Liebe beginnt dort, wo das Verliebtsein aufhört. Dort, wo ich nämlich die Fehler des anderen mitkriege und ihn dennoch liebe. Liebe ist nicht ein lebenslanges Gefühlshoch, sondern eine lebenslange Aufgabe, die mit Arbeit zu tun hat. Das Startkapital der ersten Liebe reicht nicht ein ganzes Leben lang, man muss damit arbeiten. Wichtige Fragen sollten miteinander besprochen sein. Können wir über alles reden? Frauen und Männer denken nicht nur anders, sondern drücken sich unterschiedlich aus. Das Gespräch ist ein wichtiger Pfeiler in einer Beziehung. Geklärt muss auch werden, ob der andere gesund ist. Und wenn nicht, bin ich bereit seine Krankheit mitzutragen? Oder haben wir uns schon mal so richtig gestritten, weh getan und wollen immer noch heiraten? Das heißt, konnten wir uns vergeben? Stimmen wir in den wichtigsten Lebensfragen wie die Kinderzahl, die Lebensgestaltung oder das gemeinsame Heim überein? Haben wir die gleiche Weltanschauung? Liebe Freunde, eine Ehe am Laufen halten ist schwer. Mit unterschiedlicher Weltanschauung ist das um vieles schwerer. Auch der Umgang mit Kindern ist nicht unbedeutend. Kann ich mir den anderen als Vater oder Mutter meiner Kinder vorstellen? Bin ich bereit, lebenslang Liebe zu trainieren? Die Checkliste für das lebenslange Liebestraining steht in der Bibel: *„Wer liebt, ist geduldig und gütig. Wer liebt, der ereifert sich nicht, er prahlt nicht und spielt sich nicht* *auf. Wer liebt, der verhält sich nicht taktlos, er sucht nicht den eigenen Vorteil und lässt sich nicht zum Zorn erregen. Wer liebt, der trägt keinem etwas nach; es freut ihn nicht, wenn einer Fehler macht, sondern wenn er das Rechte tut. Wer liebt, der gibt niemals jemanden auf, in allem vertraut er und hofft er für ihn; alles erträgt er mit großer Geduld."* (1. KORINTHER 13, 4-6)

Beim zweiten Schritt bilden Mann und Frau eine neue Lebenseinheit, zu der die Sexualität dazugehört.

Natürlich gibt es kein Gebot *„Du sollst nicht vor der Ehe..."* Nun brauchst du die Bibel weder erleichtert noch enttäuscht wegzulegen. Denn die Bibel ist kein Gesetzbuch, dass zu jeder Lebenssituation einen entsprechenden Paragraphen liefert. Grundsätzlich gilt:

Sexualität ist ein geniales Geschenk von Gott. Gott ist kein Sexmuffel, sondern der Erfinder. Er gönnt dir Sex. Damit du aber beim Sex das erlebst, was der Erfinder dir gönnt, müssen einige Punkte erfüllt sein, vor allem für Frauen – sagen Frauen selber und auch Psychologen. Viel Zeit, Geborgenheit und keine Angst vor Schwangerschaft oder überrascht zu werden, sind die vom Schöpfer angelegten Voraussetzungen. Weil Gott will, dass Liebe und Sexualität gelingen, deshalb bietet er solche Rahmenbedingungen an. Deshalb ist Sex am besten in der Ehe aufgehoben und von Gott so gewollt. Manche finden das extrem anspruchsvoll. Ich finde aber beim Thema Beziehung und Sex kann man nicht anspruchsvoll genug sein.

Aus der Summe der biblischen Aussagen kann man den sinnvollen Rahmen und eine nicht umkehrbare Reihenfolge erkennen. Und wem das noch nicht reicht, dem muss ich sagen: Über selbstverständliche Dinge spricht man nicht. Im Alten Testament war eine gleitende Ehe oder eine *„Probier- und Testehe"* undenkbar. Und im Neuen Testament wurde das Selbstverständliche nicht aufgehoben. Weder von Jesus noch von seinen Freunden, den Aposteln. Paulus wendet sich im Korintherbrief gegen jede Ganzhingabe außerhalb der Ehe. Das dort verwendete Sammelwort *„Unzucht"* (griech. *„porneia"*) wird für jede außereheliche Befriedigung des Geschlechtstriebes verwendet. (1. Korinther 6, 9-10) Hurerei, Homosexualität, Geschlechtsverkehr mit Tieren und Sex außerhalb der Ehe gehören dazu. In der Bibel gibt es in Sachen Sexualität nur zwei Alternativen: die Ehe und den Verzicht. Alles andere segnet zwar der Zeitgeist, aber nicht Gottes Geist.

Natürlich steht das Gegenteil in der *„Bravo"*, dass du dich erst ausprobieren musst und rummachen kannst, bevor du dich festlegst. Und dass man ja auch in einer wilden Ehe leben kann. Also, wenn *„Bravo"* und Bibel sich so grundsätzlich widersprechen, kann nur einer von beiden Recht haben. Die Leute von der *„Bravo"* wollen dein Taschengeld und in der Bibel will Gott dein Bestes.

Übrigens finde ich die wilde Ehe völlig altmodisch. Wer heute etwas Außergewöhnliches tun will, der heiratet mit 22 und bleibt ein Leben lang zusammen. Die Bibel ist da fortschrittlich.

Jesus wurde mal gefragt, was er zur Ehescheidung meint. Und er bezieht sich da auf genau diesen Satz am Anfang der Bibel. Und er sagt noch: *„Was Gott zusammengefügt hat, soll der Mensch nicht scheiden."* (Markus 10, 2 ff)

Gott selber fügt Menschen in der Ehe zusammen. Im griechischen Urtext steht hier *„Zusammenkleben"*. Hast du schon mal versucht zwei gut zusammengeklebte Sperrholzbrettchen auseinander zu reißen? Da kracht es, da splittert es, an jedem Brettchen bleiben Splitter vom anderen hängen. Die bekommst du nicht wieder glatt auseinander. Wer davon ausgeht, dass Monogamie gleich Monotonie ist und den Partnerwechsel für normal hält, der sollte immer an das Sperrholz denken.

Wenn das alles wäre, was zum sechsten Gebot zu sagen wäre, dann wäre es nur Moral. Und allen, die das Gitter abmontiert haben und aus dem Fenster gefallen sind, hilft das überhaupt nicht weiter. Und allen, die Bilder mit Unterleibskomik in ihre Gehirnwindungen gepumpt haben oder in ihren Gedanken die Ehe gebrochen haben, hilft das auch nicht. Aber was hilft uns denn dann?

Wer kann denn überhaupt eine glückliche Beziehung führen? Gibt es eine Möglichkeit, die kaputten Beziehungen und Enttäuschungen, die Schuld und Verletzungen zu behandeln und loszuwerden?

Von einer, die das erfahren hat, möchte ich erzählen. (Johannes 8, 1 ff) Die Eltern hatten keine Zeit für sie. Wer zu wenig Liebe bekommen hat, will das Vakuum in seinem Herzen ausfüllen. Und das macht sie jetzt. Sie will doch nicht zu kurz kommen. Sie geht mit den besten Jungs der Schule. Sie heiratet den reichsten Mann der Stadt. Alle beneiden sie, aber sie ist immer noch nicht glücklich. Die Leute sehen die tolle Fassade. Aber sie spürt nur die Trostlosigkeit, die Leere. Jeder liebt nur sich. Und so ist sie einsam. Die Ehe wird zum Gefängnis. Ihr Mann ist häufig auf Geschäftsreise. Und wenn er da ist, läuft auch nicht mehr viel. Da läuft nur der Fernseher. Er kennt das Fernsehprogramm genauer als seine Frau. Und er massiert die Fernbedienung besser als seine Frau. Gespräche und Zärtlichkeiten sind auf Eiszeit gestellt. Und das hält sie nicht mehr aus. Sie will nicht erfrieren. Sie fühlt sich betrogen. Sie geht eine heimliche Beziehung nach der anderen ein und wird immer wieder enttäuscht. Die Sucht nach Liebe wird immer größer, bis die neidische Nachbarin sie bei der Sittenpolizei verpetzt. Die attraktive Frau wird weinend durch die Straßen gezerrt. Die moralische Elite der Stadt, die Pharisäer und Schriftgelehrten, haben sie beim Ehebruch erwischt. Und auf Ehebruch steht nach dem Gesetz die Todesstrafe. Daran merkt ihr schon, dass diese Szene sich nicht in

Deutschland, sondern in Israel abgespielt hat, und dass es ungefähr 2000 Jahre her ist.

Die Frau war beim Ehebruch ertappt, wurde festgenommen und nun zu Jesus geschleppt. Die Männer wollten nicht nur die Frau mit dem Tod bestrafen, sondern gleichzeitig auch Jesus ans Messer liefern. Sie fragen Jesus: *„Diese Frau wurde beim Ehebruch überrascht. Wenn wir das Gesetz des Mose befolgen, müssen wir sie steinigen. Was meinst du dazu?"* Sie hoffen, dass Jesus sagt: *„Im Namen der Liebe könnt ihr das doch nicht machen. Diese Frau ist so oft enttäuscht worden, die konnte doch gar nicht anders."* Die Ankläger hoffen, dass Jesus sich gegen das Gesetz ausspricht und damit wäre er erledigt. Jesus sagt aber keinen Ton. Er lässt sich nicht aus der Ruhe bringen. Er bückt sich und malt wie ein Kind mit dem Finger in den Sand. Als sie ihn immer mehr bedrängen, schaut Jesus auf und sagt: *„Nun, dann steinigt sie!"* Das ist doch der Hammer! So geht das doch nicht! Das darf Jesus doch nicht sagen. Doch, Jesus sagt das und er bestätigt damit, dass die Gesetze der Bibel lückenlos gültig sind. Das Urteil der Bibel heißt: *„Die Sünde wird mit dem Tod bezahlt."* (Römer 6, 23) Ja, Jesus ist der Richter. Er ist das Licht, das in die verborgensten Ecken deines Lebens leuchtet.

Sein Licht leuchtet sogar durch Priesterröcke, Pfarrertalare und fromme Mäntelchen. Jetzt geht nämlich sein Richterspruch weiter. Er ist noch nicht mit seiner Antwort fertig. Er stellt für die Steinigung eine Bedingung. Er sagt: *„Wer ohne Schuld ist, der werfe den ersten Stein."* Dann malt er weiter im Sand. Nun kannten die frommen Männer, die die Frau angeklagt hatten, die Reinheitsgebote von Gott ganz genau. Und sie waren ehrlich. Das muss man ihnen ja lassen. Die kannten sich nämlich selber gut genug, um zu kapieren, dass sie Sünder sind. Und deshalb dreht sich von den Anklägern einer nach dem andern um und geht weg. Die Pflastersteine fallen zu Boden und Jesus malt im Sand.

Lass es doch mal zu, dass Jesus hinter deine Fassade leuchtet. Er wird dir zeigen, was du durch die Gegend schleppst, aber gar nicht schleppen müsstest. Es wird sicher nur sehr wenige Menschen geben, die mit dem sechsten Gebot: *„Du sollst nicht die Ehe brechen."* noch nicht in Konflikt gekommen sind.

Jesus hat mal in einer Ansprache gesagt, dass dieses Gebot schon in der Phantasie gebrochen wird. Und wenn nicht das Ehegebot, dann ist es das Gebot vom Ehren der Eltern oder vom Stehlen, oder vom Neid, oder, oder... Oder es ist das Grundübel aller Sünde, dass die Liebe Gottes nicht erwidert wird. Denn die Menschen zeigen Gott die kalte Schulter. Sie sagen: Du kannst mich mal! Was bei mir abgeht, bestimme ich! Die Menschen gehen fremd: Sie sind in selbstgemachte Götter verliebt und lieben nicht den Gott, der sie gemacht hat. Und das ist Sünde!

Zurück zu unserer Geschichte. Von den Anklägern hat sich einer nach dem andern aus dem Staub gemacht. Jesus hat ihr Leben beleuchtet, aber sie fliehen. Als sie weg sind, kommt Jesus aus dem Sandkasten raus und fragte die Frau: *„Wo sind jetzt deine Ankläger? Hat dich denn keiner verurteilt?" „Nein, Herr"*, antwortete sie. Da sagt Jesus zur Frau: *„Dann will ich dich auch nicht verurteilen. Geh, aber sündige nicht noch einmal."* Das ist Vergebung der Schuld! So ist Jesus! Der Einzige, der sie hätte verurteilen können, ist Jesus, denn er hat keine Schuld. Er ist der Sohn Gottes, der hat nichts gegen Gott getan. Der, der hätte Steine werfen können, malt im Sand, weil ihm Vergebung wichtiger ist als Vergeltung. Jesus liebt den Sünder, aber er hasst die Sünde. Und deshalb sagt er zu der Frau: *„Geh, aber sündige nicht noch einmal."* Er schenkt ihr einen Neuanfang.

Aber den zweiten Teil darfst du dabei nicht vergessen. Jesus sagt zu der Frau *„Geh, aber sündige nicht noch einmal."* Und das sagt er auch zu dir. Wer die Vergebung annimmt, der will so nicht mehr weiterleben. Der will dann anders leben. Der will das tun, was Jesus sagt.

Wer sich bekehrt, der nimmt den Besen, kehrt alte Gewohnheiten, falsche Ansichten, verkehrtes Verhalten weg. Es ist aber nicht so, dass du von diesem Tag an nicht mehr sündigen wirst. Du bleibst Sünder bis zum letzten Atemzug, den du machst. Christen sind nicht besser, aber besser dran. Wenn du aber mit Jesus lebst, wird es dir nicht mehr möglich sein in einer Sünde zu bleiben, ohne dass dein Gewissen Alarm schlägt und du um Vergebung bittest. Die Frau ist doch nicht von ihrem sexuellen Verlangen befreit worden. Das geht auch nicht. Weil das sexuelle Verlangen ein gutes Geschenk Gottes ist. Aber sie ist von der Tyrannei der Sexualität befreit und kann nun nach dem Willen Gottes auch ihr Sexleben ordnen und gestalten. Sie ist nicht mehr Sklavin, sondern frei. Freiheit will auch das sechste Gebot. Wir werden den paradiesischen Zustand in unseren Beziehung nicht erreichen, weil wir in einer Welt leben, die ohne Gott zurechtkommen will. Wir sind Menschen, die gottlos geworden sind. Aber wir dürfen uns die Vergebung schenken lassen und so auch in unseren Beziehungen schon etwas vom Paradies erahnen.

Es gibt Leute, die sagen: *„Ich glaube nur, was ich sehe. Gott sehe ich nicht, also glaube ich nicht an ihn.“*

Wer so denkt, sollte bitteschön auch konsequent sein. Wenn ein Mann seiner Frau sagt: *„Ich liebe dich!“*, müsste sie konsequenterweise sagen: *„Das glaube ich nicht, deine Liebe kann ich nicht sehen.“*

Liebe kannst du nur erleben. Erst wenn ich mich auf den anderen einlasse, werde ich erleben, ob es Liebe ist oder ob es nur Worte waren.

Klau mal wieder!

Das siebente Gebot

„Du sollst nicht stehlen."
2. Mose 20, 15

Im Garten des Pfarrers steht ein schöner Kirschbaum mit noch schöneren Kirschen. Weil jedes Jahr die Kinder seine Kirschen klauen, hängt der Pfarrer ein Schild an den Baum. Auf das Schild hat er mit großen Buchstaben geschrieben: GOTT SIEHT ALLES! Am nächsten Tag sieht er seinen gerupften Baum und unter seinem Schild steht mit Kinderhand geschrieben: *„ABER ER VERRÄT UNS NICHT."*

Ich habe erfahren, dass es Städte gibt, da wird fast nichts geklaut. Obwohl viele Touristen sich durch die Straßen drängen, kommt kaum etwas weg. Warum? In diesen Gegenden passt einer auf den andern ganz genau auf. Und wer beim Stehlen erwischt wird, dem wird die Hand abgehackt. Das ist ein absolut erfolgreicher Weg, um *„Meine"* und *„Deine"* auseinander zu halten. Es ist aber ein brutaler Weg. Das ist Abschreckung. Einmal frage ich mich da: Wenn das bei uns so wäre, wie würden hier wohl die Leute rumlaufen? Zweitens muss ich feststellen, dass Gott zu unserem Glück einen anderen Weg geht. Er geht nicht den Weg der Abschreckung. Gott geht den Weg der Liebe, wenn er sagt: *„Du sollst nicht stehlen."*

Nun sagst du vielleicht: Dieses Gebot ist doch so einfach, so sonnenklar, dass man sich fast scheut, überhaupt ein Wort darüber zu verlieren. Warum soll man als Jugendlicher oder Erwachsener sich über Dinge einen Kopf machen, die jedes Kind auf Anhieb versteht. Ist das nicht Zeitverschwendung? Aber gerade bei den

Dingen, die uns sehr vertraut sind, ist es manchmal so, dass wir die versteckten Geheimnisse darin gern übersehen, weil sie uns viel zu sehr auf die Pelle rücken. Du musst nämlich wissen: Das Wort *„stehlen“* bedeutet in der Bibel, also im hebräischen Urtext, mehr als nur *„klauen“*. Es bedeutet auch entführen, rauben, täuschen und eben stehlen. Und wenn man bedenkt, was alles darunter fällt, dann kann es einem schon schwarz vor Augen werden. Wie sieht das denn nun im Einzelnen aus? Es geht Gott um den Griff nach dem Eigentum. Dieses Gebot untersagt dir den Zugriff auf das Eigentum eines anderen Menschen. Ladendiebstahl ist in Deutschland zum Volkssport geworden. Die Verluste im Handel sind ja so hoch, dass die bekannt gewordenen Ladendiebe gar nicht so viel Ware wegschleppen können, wie jedes Jahr geklaut wird. Versicherungen werden betrogen und Versicherungen tricksen oder verzögern die Zahlung, die dem Versicherten zustehen. Schwarzfahrer in der Straßenbahn weisen mit ausgestrecktem Finger auf Politiker, die ja auch nicht viel besser sind. Und wenn die Politiker so mies sind, dann darf ich das auch. Jeder will in der Firma soviel wie möglich verdienen, aber über seine Trägheit und lange Pausen macht er sich keine Gedanken. Wer später zur Arbeit kommt und dafür eher geht und in der Zwischenzeit auf Kosten des Betriebes telefoniert, beklaut seinen Arbeitgeber. Im Geschäftsbereich werden Rechnungen nicht bezahlt, obwohl die Leistung erbracht wurde. Ein Unfallauto mit Rostbeulen wird lackiert, der Kilometerstand zurückgedreht und dann als gut erhaltener Gebrauchtwagen verkauft. Die Palette ist unerschöpflich. Von der Pralinenschachtel, in der mehr Luft als Schokolade verkauft wird, über den Fleischstand mit Rotlichtbeleuchtung, damit altes Fleisch schön frisch aussieht, bis zum Wissens-Diebstahl in der Mathearbeit, wo neuerdings auch das Handy hilft, ist alles möglich.

Die Dieberei ist der weitverbreitetste Beruf auf Erden,

das größte Unternehmen. Durch alle Berufe und Betriebe hindurch kannst du sehen, dass wir in einem großen Konzern voller Diebe leben. Die ganze Welt ist in Wirklichkeit eine Räuberhöhle.

Nun geht es aber bei diesem Gebot nicht nur um das Eigentum des anderen, sondern auch um die Freiheit. Der Nächste darf nicht angetastet werden. Das Gebot will den Menschen ein Leben in Freiheit garantieren. Dieses Gebot untersagt auch jede Antastung eines anderen Menschen. Das heißt, die Freiheit eines Menschen darf nämlich nicht gestohlen werden. Dazu gehören Menschendiebstahl, Sklaverei, Entführungen und Geiselnahmen, weil damit die Freiheit und die Würde des Menschen weggenommen wird. Ich denke dabei auch an die Verbrechen, wo der Mensch nur eine Ware ist: Bei der Kinderarbeit, dort wo Mädchen in die Prostitution und Kinder zur Organentnahme verkauft werden, bekommen wir es mit diesem Gebot zu tun. Und es gehört bei dem Diebstahlgebot auch der Griff nach den Lebensgrundlagen dazu. Das Gebot untersagt den Zugriff auf die Sachen, von denen der Nächste lebt. Beim Diebstahl geht es nicht nur um das Eigentum des Nächsten, sondern auch um den Menschen selber. Die Lebensgrundlage des anderen darf nicht beeinträchtigt oder ihm weggenommen werden. Ein Mensch braucht nicht nur Wasser und Brot, um überleben zu können. Er braucht die Chance, sich zu entfalten. Er braucht einen Lebensraum mit Sinn und Ziel. Deshalb wird dieses Gebot zum Beispiel übertreten, wenn Rivalen ausgeschaltet werden. Gott fragt hier: *„War dein Geschäftsgebaren ehrlich?“* Es war schmerzlich, nach der friedlichen Revolution 1989 zu erleben, wie Betriebe in den östlichen Bundesländern aufgekauft und runtergefahren wurden. Rivalen wurden ausgeschaltet.

Oder von der Karriereleiter werden andere runtergestoßen. Schwachstellen im Lebenslauf der Konkurrenz werden aufgespürt und ausgeschlachtet. Mobbing am Arbeitsplatz und in der Schulklasse wird zur Waffe, um einen andern systematisch auszugrenzen. Der Arbeitgeber, der den verdienten Lohn zurückhält oder ihn nur teilweise auszahlt und sich auf Kosten der Angestellten ein schönes Leben macht, übertritt dieses Gebot. Wenn ein Arbeitgeber seine Leute bis zum Umfallen arbeiten lässt, ihnen ihre Freizeit zum Regenerieren und für die Familie nimmt und dazu die Gesundheit seiner Angestellten ruiniert, hat er das siebente Gebot verletzt. (5. Mose 24, 14 / Jeremia 22, 13 / Jakobus 5, 4)

Übrigens darf die Kirche bei diesem Thema nicht nur auf andere zeigen. Viele kirchliche Angestellte werden von hundert auf siebzig oder fünfzig Prozent gekürzt. Dahinter vermuten aber nicht wenige, dass heimlich davon ausgegangen wird, dass weiterhin zweihundert Prozent gearbeitet werden. Das wäre dann Diebstahl.

Hier muss ich noch einmal von der Kirche reden. Die Kirche nimmt den Menschen die Grundlage für ein erfülltes und sogar das ewige Leben, wenn sie nicht die ganze Botschaft der Bibel austeilt. Wer nur davon spricht, dass Gott alle Menschen liebt, aber verschweigt, dass jeder Mensch am Ende der Weltgeschichte sich vor Gott verantworten muss, der predigt nur die halbe Wahrheit. Und wenn die Christen diese Botschaft gar nicht weitersagen, dann ist das auch Diebstahl, denn diese Nachricht ist für alle Menschen da.

Die Lebensgrundlagen werden auch geklaut, wenn Eltern ihren Kindern nicht die Zeit schenken, die die Kinder mit ihren Eltern brauchen, um sich gut entwickeln zu können. Das Gleiche gilt, wenn Ehepartner sich die Zuwendung verweigern, die sie brauchen, damit ihre Ehe gelingt. Zeit, Zärtlichkeiten, Gespräche und Interesse für den anderen werden sonst vorenthalten. Wer das nicht dem anderen gibt, beklaut seinen Ehepartner. Es gehört auch zum Diebstahl, wenn Menschen dazu entschlossen sind oder von religiösen Gemeinschaften gezwungen werden, ihren gesamten Besitz für *„gute Zwecke“* abzugeben. Wir dürfen Besitz haben. Die Bibel empfiehlt kein kommunistisches System, wo allen alles gehört.

Auch gibt es keinen Hinweis in der Bibel, dass Gott wollte, dass alle gleich viel besitzen oder die Christen alles abgeben müssen. Natürlich gab es in der ersten Gemeinde diese Ackerverkaufsgeschichte, aber das war freiwillig und kein Gebot von Gott. (Apostelgeschichte 5, 4) Wer alles aufgibt und spendet, der bestiehlt damit seine Eltern, die er im Alter versorgen muss. Er bestiehlt außerdem seinen Ehepartner und seine Kinder, für die er Verantwortung von Gott bekommen hat. Und er bestiehlt die Gesellschaft. Denn er kann ja nur noch auf Kosten der Gesellschaft von der Sozialhilfe leben. Um dem vorzubeugen, begrenzt die Bibel die Abgabe auf zehn Prozent des Einkommens.

Mit diesem Gebot mischt sich Gott also in unsere Geldangelegenheiten ein. Man bekommt bei den großen und kleinen Geldmanagern den Eindruck, dass es bei den Finanzen um eine Geheimwissenschaft geht. Ihr heiligstes Geheimnis ist das Bankgeheimnis. Woher kommt nur diese Heimlichtuerei? Warum scheuen viele Menschen das Tageslicht? Man arbeitet mit seinen Händen im Verborgenen und nimmt nicht zur Kenntnis, dass es vor Gott weder verborgene Herzen, noch verborgene Hände und Geldbörsen gibt. Beim Geld hört in der Regel die Freundschaft auf. Aber Gott interessiert sich für dein Portemonnaie. Gott ist aber nicht der Vermögensberater, der uns mit seinem Segen zuschüttet wie die Goldmarie. Gott ist auch nicht der Steuerberater, der uns durch die Gesetze lotsen will. Hier geht es um unsere Stellung zum Besitz. Gott schützt mit dem siebten Gebot das Eigentum. Wenn das so ist, dann gibt es aber noch einige Fragen. Schützt Gott auch das ungerechte Eigentum? Schützt Gott nur vor dem Dieb von unten, also vor dem, der nichts hat? Oder schützt Gott auch den armen Schlucker vor dem Abzocker von oben? Was ist überhaupt rechtmäßiges und ungerechtes Eigentum? Ab wann ist Eigentum ungerechtes Eigentum? Wenn ein Arbeitsloser eine Arbeit ablehnt und weiter sein Einkommen hat? Bei der Diskussion über Zinsen, Aktien, Sponsoring und Schmiergeldern sehen viele inzwischen kein Land mehr. Du merkst schon: Das Geld ist nicht nur ein harmloser Fetzen Papier. Das Geld ist nicht nur ein glänzendes Metallstück. Das Geld ist eine Macht.

Jesus sagt, dass du dich vor dieser Macht in Acht nehmen musst. Das Geld ist wie eine gefährliche Persönlichkeit und bekommt von Jesus den Namen eines heidnischen Gottes. Und der heißt Mammon. Jesus sagt: *„Niemand kann zwei Herren dienen, entweder er dient Gott oder dem Geld.“* (MATTHÄUS 6, 24)

Wenn ich heute zu dem Gebot *„Du sollst nicht stehlen.“* spreche, dann muss ich auch gleich davon reden, dass hier der Teufel die Finger mit im Spiel hat. Das heißt, du musst dich von vornherein vorsehen. Wer die Gefahren auf diesem Gebiet nicht sehen will, der wird fallen.

Und wer Gott hier zum Schweigen bringen will, wird gegen dieses Gebot abstimmen und damit Gott abwählen.

Der Diebstahl fängt nicht im Kleinen, sondern immer im Großen an. Denn zuerst wird immer Gott beklaut. Weil Gott alles gehört. Alles ist sein Eigentum. Nach der Botschaft der Bibel ist der Mensch kein Besitzer. Alles, was du nutzt, genießt und besitzt, das hast du von Gott.

Es gehört nicht dir. Es ist geliehen. Besitzen heißt, dass man sich da drauf setzt, wie das Kind mit seinem Hintern auf den Topf.

Als einige ganz gerissene Typen Jesus fragten, ob sie die Steuern an den Staat zahlen sollen, sagte Jesus zu ihnen: *„Gebt dem Staat was dem Staat gehört und gebt Gott was Gott gehört.“* (MATTHÄUS 22, 21) Er meint damit,

natürlich musst du deine Steuern dem Staat geben. Aber du musst vor allem Gott das geben, was ihm gehört. Was gehört denn Gott? Zehn Prozent von meinem Einkommen, meiner Sozialhilfe oder meinem Taschengeld? Der Sonntagmorgen in der Kirche? Jeden Tag eine gute Tat? Überhaupt nicht! Am Anfang der Bibel steht, dass Gott den Menschen zu seinem Gegenüber geschaffen hat. Gott gehört dein ganzes Leben. Gott gehört der ganze Mensch. Und wer das nicht anerkennt, beklaut Gott. Wer seine Lebensentscheidungen ohne Gott fällt, beklaut Gott. Wer so lebt, als gäbe es Gott gar nicht, der beklaut ihn. Das heißt, jeder Mensch hat Gott beklaut! Wenn das so ist, muss es nun darum gehen, dass du das, was du gestohlen hast, zurückbringst. Das geht nur, wenn du Gott dein Leben gibst.

Außerdem solltest du wissen: Gott kennt die Not, die hinter diesem Gebot steht. Und er will diese Not beseitigen. Er hat sie beseitigt: Am Kreuz! Alle Götter und Götzen sind stark im Nehmen. Alle Götter fordern Opfer, auch der Mammon. Der lebendige Gott, der Vater des Jesus Christus, der ist Meister im Geben. Der steht als der größte Geber im Guinnessbuch der Rekorde. Und von diesem Platz kann ihn keiner verdrängen. Er gibt seinen Sohn! Und deshalb, weil er sein Bestes gibt und weil der dich liebt, feiern wir Weihnachten, Karfreitag und Ostern. Deshalb feiern die Christen jeden Sonntag Gottesdienst.

Beim Thema Geld schreit die Bibel nach Umkehr. Sind wir dazu überhaupt in der Lage? Das klingt fast so, als wenn du ins Pflegeheim gehst und den alten Leute dort sagst. *„Morgen fangen wir im Stadion mit dem Training für die Olympischen Spiele an. Ihr seid alle nominiert."* Die sind dazu gar nicht in der Lage. Haben wir die Kraft zu diesem Sprung? Können wir das überhaupt noch?

Die meisten Leute wollen nicht hören, dass sie Gott beklaut haben. Sie wollen nicht umkehren! Sie sagen:

„Ich bin doch auch ohne Gott ganz glücklich." Weihnachten und Ostern kann ich ohne Jesus feiern. Der Mensch hat mit seiner Selbstwahrnehmung schon immer Probleme gehabt. In dem Buch *„Die Kriminalität der Braven"* schreibt ein Kriminalpolizist: *„Diebstahl an sich fand jeder Täter böse und verwerflich. Aber keiner kam auf die Idee, sein eigenes Verhalten so zu beurteilen. Für sich selber fanden sie die tollsten Rechtfertigungen."* Der Kriminalist kommt zu dem Schluss: *„Der Mensch hat bei der Selbstwahrnehmung einen blinden Fleck."* Und genau von dieser Wahrnehmungskrankheit will uns Gott heilen. Er schenkt uns mit den Geboten die geniale Chance der Selbstkritik. Er will dir den Spiegel vorhalten. Selbstkritik ist eine Erfindung der Bibel. Von der ersten bis zur letzten Seite wird der Mensch, das Volk Gottes, die Christen zur Selbstkritik aufgefordert. Nur wer keine Fehler hat und keine Fehler macht, der hat Selbstkritik nicht nötig. Der hat die Wahrheit für sich gepachtet. Da gibt es aber nur einen einzigen und einzigartigen, der das von sich behaupten kann, und das ist Jesus Christus.

Er ist der Sohn Gottes. Er ist die Wahrheit. Er hat nie geklaut. Und er hat zum Thema Klauerei und Selbstkritik eine Geschichte erzählt. (LUKAS 18,10 FF)

Ein frommer Mann und ein Dieb stehen in der Kirche und beten. Der Fromme betet: *„Ich danke dir, Gott, dass ich nicht bin wie die anderen Leute, Räuber, Betrüger, Ehebrecher oder auch wie dieser Dieb da drüben. Ich faste zweimal in der Woche und gebe zehn Prozent von meinem Einkommen ab."* Ob jemand nur äußerlich oder mit dem Herzen bei der Sache ist, das erkennst du sofort, wenn es um die Magenfrage und den Geldbeutel geht. Da hört bei vielen nicht nur die Freundschaft, sondern auch das Christentum auf. Bei dem Frommen in der Geschichte hier nicht. Der hungert, der opfert, der spendet. Der ist so vorbildlich, dass er denkt: *„So gut wie ich drauf bin, da muss Gott doch stolz auf mich sein. Da vergeht*

Gott die Lust, mich nicht in seinen Laden reinzulassen." Der schlägt sich auf die Schulter und sieht sich selber überhaupt nicht kritisch.

Und der Dieb betet auch. Der sagt: *„Gott, sei mir Sünder gnädig."* Ist das ehrlicher? Es gibt auch Schuldbekenntnisse und Schwarzmalerei, die als Trick getarnt sind. So zerschlagen wie ich mich gebe, so mies wie ich mich mache, da muss Gott doch das blanke Mitleid ergreifen, und er nimmt mich an. Das kann doch auch heißen: *„Ich danke Gott, dass ich nicht so hochmütig bin, wie dieser Fromme. Oh, Herr, lass deine Engelband ein Halleluja brüllen wegen mir, dem einen Sünder. Ich gebe ja wenigstens zu, dass ich deine Gebote übertrete."* Es kann nach dem Motto laufen: Ich führe meinen inneren Schweinehund offen spazieren und dieser Fromme versteckt ihn nur unter seinem Talar. Das ist ein raffinierter Schlag an die Brust, der einen Theaterpreis verdient hätte, aber bei Gott keinen Lohn bekommt.

Alles was wir tun und denken, kann nämlich vom Teufel benutzt werden. Der Teufel kann das selbstgepresste Wasser des Lebens auf seine Wassermühlen umleiten.

Der Dieb meint es hier in der Geschichte aber ehrlich. Der zieht keine Bekehrungs-Show ab. Ob Gott mich annimmt oder ablehnt, liegt eben nicht an bestimmten Eigenschaften. Selbstkritik braucht einen Maßstab. Der Fromme misst sich selber nach unten. Er bestimmt gerade die Leitersprosse, die er vor Gott erklommen hat, natürlich deutlich höher als der Dieb. Der könnte Redakteur bei Regenbogenzeitungen sein, die die Fehler und Schwächen der Prominenten aufzählen, um von den eigenen Sünden abzulenken. Und wenn die Großen in der Gesellschaft sich das leisten können, kommt man sich als kleiner Mann doch plötzlich viel besser vor. Oder man sagt, das kenne ich zwar auch bei mir, aber bei dem Herrn Minister darf sowas nicht vorkommen. Das ist Aktion Selbstschutz. Wer sich nach unten orientiert, wird hochmütig und fühlt sich selber besser. Er will die anderen nicht schlecht machen, sondern sich selber aufwerten.

Der Dieb steht aber einsam und alleine vor Gott. Er ist echt und radikal ehrlich. Er misst sich nach oben. Gott ist der Maßstab. Der Dieb hätte auch sagen können: *„Na, der Pharisäer wird wohl auch Dreck an seinem weißen Talar haben. Der soll mal nicht so tun."* Aber das interessiert ihn nicht. Ihn interessiert jetzt nur Gott. Und in dieser Einsamkeit merkt er, dass Gott unerreichbar weit weg ist. Und gerade in so einer Situation kommt Gott dir ganz nahe und vergibt deine Schuld. Ich weiß nicht, wie der Dieb die Kirche verlassen hat. Hat er gesagt: *„Wunderbar, mir ist vergeben. Ich kann jetzt so weiter machen wie vorher."* Oder hat er gesagt: *„Danke Herr, du hast mir vergeben und ich kann jetzt nicht mehr so weiter leben. Ich will dich nicht enttäuschen."*

Ich weiß nicht, wie diese Geschichte weitergeht, aber eins weiß ich genau. Du und ich – wir werden diese Geschichte mit unserem Leben weiterschreiben.

Das kann doch nicht wahr sein!

Das achte Gebot

„Du sollst nicht falsch Zeugnis reden wider deinen Nächsten."
2. Mose 20, 16

Dennis Ross geht zu einem armen Juden und fragt ihn, ob er heiraten möchte. *„Nein"*, sagt er, *„ich bin zu arm."* Dennis Ross erwidert darauf: *„Ich habe aber die Tochter des reichen Scheichs von Oman für dich!"* Da sagt der Jude: *„Ja, dann heirate ich!"* Dennis Ross läuft daraufhin zum Scheich von Oman: *„Ich habe einen guten Mann für deine Tochter!" „Meine Tochter will nicht heiraten!"*, sagt der Scheich. Dennis Ross meint: *„Der Mann ist aber der Direktor der Weltbank!" „O.k. dann ist es etwas anderes, er soll mein Schwiegersohn sein!"*, willigt der Scheich ein. Danach läuft Dennis Ross schnell zur Weltbank: *„Ich habe einen passenden Direktor für euch!"* Dort sagt man: *„Wir haben schon einen Direktor!"* Dennis Ross daraufhin: *„Der Mann ist der Schwiegersohn vom Scheich von Oman!"* Da antworten die Leute von der Weltbank: *„Ja, dann soll er kommen!"* So wurde aus dem armen Juden der Schwiegersohn des Scheichs von Oman.

Bei dieser Geschichte muss ich an das achte Gebot denken. Dort steht: *„Du sollst nicht falsch Zeugnis reden wider deinen Nächsten."*

Viele denken ja, bei diesem Gebot geht es nur darum, ob ich die Eltern angelogen habe oder in der Firma zu meinem Vorteil etwas besser dargestellt habe, was gar nicht so war. Darum geht es auch. Daran ändert sich auch nichts, wenn man das Wort Lüge wegrationalisiert.

Erstaunlich ist ja, was manche Politiker und andere Leute aus den Wörtern *„Lüge"* und *„Unwahrheit"* machen. Sie sagen dann: *„Das war ein kleiner Fehltritt. Wir sind unterschiedlicher Auffassung. Ich hatte eine falsche Spur gelegt. Ich war nicht korrekt informiert."*

Man darf gar nicht darüber nachdenken, was in unserem Land plötzlich passieren würde, wenn Worte wieder Wert hätten. Eheleute könnten sich auf ihr Versprechen vom Anfang verlassen. Geschäftspartner wüssten: Wenn der sagt, dass er bezahlt, dann zahlt er auch. Arbeitnehmer könnten sich darauf verlassen, dass sie ihren Lohn erhalten. Immer wieder wird angemahnt, dass wir Werte in der Gesellschaft brauchen. Wir haben sie doch schon! Nur halten will sie kaum einer. Dort liegt der Hund begraben.

Das achte Gebot wird verharmlost und eingeengt, wenn wir nur ein Gebot für die gute alte Moral daraus machen. Meist wird es mit *„Du sollst nicht lügen"* übersetzt und riecht dann sofort nach *„Wie erziehe ich meine Kinder?"* Darum geht es natürlich auch, aber hier geht es um viel mehr.

Im fünften Gebot schützt Gott das menschliche Leben, im sechsten die Ehe und im siebten Gebot das Eigentum des Menschen. Hier im achten Gebot schützt Gott die Würde des Menschen. Vom fünften bis zum achten Gebot schützt Gott vier Grundrechte, von denen jeder Mensch lebt. Wer diese Grundrechte eines Menschen verletzt, der bekommt es immer mit Gott zu tun. Und hier im achten Gebot geht es eben um die Würde des Menschen. Ein wichtiges Grundrecht, das jeder zum Leben braucht.

Im zweiten Gebot schützt Gott seinen eigenen Namen. Im achten Gebot schützt er den Namen des Mitmenschen. Er meint damit, du darfst anderen die Würde nicht rauben. Und kein Mensch soll seine Würde selber wegwerfen.

Der Schriftsteller Wilhelm Busch hat geschrieben: *„Ist der Ruf erst ruiniert, lebt es sich ganz ungeniert."*

Ob das wirklich der Fall ist, möchte ich gar nicht erst ausprobieren und auch niemandem empfehlen. Ich vermute, dass das Leben dadurch eben überhaupt nicht einfacher zu bewältigen ist. Gott weiß, dass wir die Würde für ein erfülltes Leben brauchen und deshalb schützt er die Würde jedes Menschen.

Auch wenn jemand sich selber um seine Würde bringt, also seine Würde wegschmeißt, haben andere niemals das Recht, da noch einen drauf zu geben.

In der Regel wird die Würde eines Menschen durch die Lüge anderer untergraben und kaputt gemacht. Bei dieser Art von Lüge geht es darum, dass ich den anderen aggressiv durch meine Worte schädige. Also, ihn gezielt täusche, verrate oder ihm untreu bin. Du sollst den Nächsten mit dem Gebrauch deiner Worte nicht schaden.

Ich frage mich manchmal: Wie viele Menschen wird es wohl geben, die durch Worte verletzt worden sind? Wenn du zu den Verletzten gehörst, dann darfst du wissen: Gott kennt die inneren Wunden und Narben, die geblieben sind. Wunden, die Kindern von Eltern, Lehrern oder Pfarrern zugefügt wurden. Und Gott will deine Wunden heilen. Er will deine Würde wieder herstellen. Er sagt dir: *„Ich habe dich lieb. Ich gebe dir Würde."* Gott stempelt dich nicht ab. Bei Menschen passiert das ja täglich.

Über eine Frau wurde mir mal gesagt: *„Die war früher eine Hure."* Immer, wenn ich diese Frau sehe, muss ich an diese Aussage denken. Das ist wie ein Brandmal, dass sie nicht wieder loskriegt.

Der Weiberklatsch bei Aldi und der Männertratsch am Stammtisch, das sind ja heute Waisenknaben, wenn man an die Dinge denkt, die sich noch so abspielen: Gutachten werden über Menschen erstellt und damit Urteile gefällt. Diese Urteile können Menschen und deren Angehörige lebenslänglich bestimmen. Wer als Christ zu DDR-Zeiten zur Schule ging, weiß wie das ist. Du konntest super in der Schule sein, wenn du aber nicht zur Jugendweihe gegangen bist oder nicht bei der Freien Deutschen Jugend (kommunistischer Jugendverband) dabei warst, dann stand im Zeugnis *„Keine gesellschaftliche Tätigkeit"*. Und dieser Stempel, der dir da draufgedrückt wurde, verbaute dir dann das Abitur, das Studium oder begehrte Berufe.

Bei diesem Thema muss ich dich aber auch fragen: Worüber unterhältst du dich mit deinen Freunden? In den meisten Gesprächen geht es doch um andere Menschen – oder? Und in solchen Gesprächen geht es immer auch um die Ehre anderer Menschen. Du kannst den Ruf des anderen verbessern oder schädigen. Und genau das meint Gott mit dem achten Gebot. Er verbietet alles Reden, dass aggressiv gegen den Nächsten gerichtet ist. Wenn du die Würde des anderen zerstörst, vergreifst du dich an Gott, weil jeder Mensch von Gott als sein Gegenüber geschaffen ist. Und deshalb schützt Gott die Würde. Gott will nicht, dass irgend jemand bösen Worten und verlogenem Gerede ausgeliefert ist. Gott schützt alle menschlichen Beziehungen. Er schützt die privaten Beziehungen genau so wie die öffentlichen Beziehungen. Diese Beziehungen können aber durch die Rederei von Menschen vergiftet und zerstört werden. *„Hinter dem Rücken reden"* ist übrigens die Sünde der Feiglinge, die sich scheuen, dem anderen Auge in Auge gegenüberzutreten und über seine Fehler zu sprechen.

Wer ein Gerücht in die Welt setzt, dass den anderen herabsetzt, der ist wie ein Mensch, der auf einen hohen Turm steigt. Er nimmt ein Federbett mit, schneidet es auf und streut die Federn in den Wind. Auch wenn er sich die allergrößte Mühe gibt, er kann niemals alle Federn zurückholen.

Nun muss aber noch einer genannt werden, der uns niedermachen will. Der uns die Würde rauben will. Das sind nicht unsere eigenen Gedanken. Das sind nicht andere Menschen. Das ist gleich gar nicht Gott. Das ist der Teufel. Der Teufel ist der Vater der Lüge, sagt Jesus. (Johannes 8, 44) Der Teufel ist der große Ankläger, *„der uns verklagt Tag und Nacht"*. (Offenbarung 12, 10) Der zieht dich runter, wo er nur kann. Der flüstert dir ein: *„Du bist nichts wert"*, *„Du kannst nichts."* Von Gott kommen solche Gedanken niemals. Gott will, dass dein Leben gelingt. Der Teufel reißt die ganze Welt runter, so dass du nur noch negative Gedanken übrig hast.

Einseitige falsche Meinungen und Einschätzungen von Menschen, vom Leben und von der Welt kommen nur vom Teufel. Er ist eine Macht und er hat eine Armee, die ihm hilft. Er ist der oberste Lügner. Er beherrscht die Kunst des Durcheinanderwerfens. Besondere Instrumente, die er gern benutzt, sind Presse, Funk und Fernsehen.

Die Presse kann Menschen erledigen. Die Presse kann Völker gegeneinander hetzen. Natürlich ist die Presse wichtig. Aber ihr Nebengeschäft ist, Negatives bekannt zu geben. Und leider wird das Nebengeschäft häufig zum Hauptgeschäft. Die Bibel sagt über das Gericht Gottes: *„Schrecklich ist es in die Hände des lebendigen Gottes zu fallen."* (Hebräer 10, 31) Bei diesem Thema muss man umformulieren und sagen: *„Schrecklich ist es, in die Hände mancher Journalisten zu fallen."*

Gott wird keinen Menschen bei diesem Thema in die Unverbindlichkeit entlassen. Dieses Gebot sagt die Wahrheit und das auch noch ganz konkret. Die Wahrheit hat nämlich immer mit deinem Nächsten zu tun. Deshalb steht hier: *„Du sollst nicht falsch Zeugnis reden wider deinen Nächsten."* Die Wahrheit ist am Nächsten festgemacht. Deshalb ist die Wahrheit kein aufgeblasenes Gedankengebäude, keine blasse Idee, keine intellektuelle Spinnerei, sondern ein reales Ereignis mit Bodenhaftung. Die Wahrheit muss die Liebe zum Nächsten als Grundlage haben. Gott pfeift auf unsere neunmalklugen und abgehobenen Wahrheiten. Er will, dass du das sagst, was jetzt und hier nicht verschwiegen werden darf. Das heißt aber nicht, dass ich immer alles sagen darf. Auch wenn es die Wahrheit ist. Ich erinnere mich da an eine Situation während meiner Ausbildung. Wir hatten uns gegenseitig zu sagen, was wir am anderen gut und schlecht finden. Ich war krank und konnte nicht teilnehmen. Ein Dozent wollte danach von mir wissen, wie ich ihn sehe. Das habe ich natürlich ordentlich gemacht! Er konnte mir dann nicht mehr in die Augen sehen und verließ später die Ausbildungsstätte. Hier wird deutlich, Wahrheit muss sich an der Liebe zum anderen messen lassen.

Wahrheit, die nur weh tut, ist nicht wahr genug.
Wahrheit ohne Liebe ist Betrug.
Wahrheit, die nur aufdeckt, kommt aus hartem Herz,
nur um Recht zu haben, schafft sie Schmerz.

Manche denken, sie können alle Verstöße gegen dieses Gebot mit dem Begriff Notlüge entschuldigen. Diesen Begriff darf ich aber niemals gebrauchen, um eine Lüge zu Gunsten meiner eigenen Interessen zu rechtfertigen.

Bei der Notlüge geht es um eine Gefahr. Und diese Gefahr bedroht das Leben eines Menschen. Sie bedroht seine Existenz. Hier geht es um Leben oder Tod. In diesem Fall ist eine Lüge die bewusste Täuschung eines Feindes. Aber auch bei der Notlüge kommst du nicht schuldlos davon. Ganz gleich wie du dich entscheidest, du wirst immer schuldig. Wer zum Beispiel in einer Diktatur verhört wird und weitere Namen verrät, wird ja am Tod der Verratenen mit schuldig. Und wer in dieser Situation lügt, wird auch schuldig. Es geht dann nur noch darum, vor Gott den Weg zu gehen, den ich verantworten kann, und dann kann ich nur losgehen und aus der Vergebung leben. Dietrich Bonhoeffer hat in so einer Situation gesagt: *„Bei Verhören durch die nationalsozialistischen Machthaber bedeutete jemand, der nicht im Stande war ‚kräftig zu lügen' für den Mitmenschen Lebensgefahr."* (BONHOEFFER, ETHIK / S. 280, ANM. 116) Die Notlüge ist also eine Ausnahme und ich wünsche niemandem, dass er in so eine Notlage kommt.

In der Regel wird aber die Wahrheit mit Füßen getreten und in den Dreck gezerrt. Und das achte Gebot sagt hier, du sollst nicht das tun, wozu du getrieben wirst, Mensch.

Du sollst kein falsches Zeugnis reden wider deinen Nächsten. Du sollst die Wahrheit sagen, denn die Wahrheit ist gefährdet. Die Wahrheit ist nicht beliebt. Sie lebt unter uns. Sie lebt in unseren Städten und Dörfern wie eine Ausländerin, die andere Bräuche und Sitten hat. Mit einer unverständlichen Sprache. Du findest sie in einsamen Zimmern, in kleinen Hauskreisen, in Faltblättern, die keiner lesen will. Manchmal lebt die Wahrheit in der Verbannung, wird totgeschwiegen, ins Gefängnis gesteckt oder totgeschlagen.

Es gab ja mal einen, der von sich sagte: *„Ich bin die Wahrheit."* (JOHANNES 14, 6) Und von dem wurde gesagt: *„Er kam in sein Eigentum und die Seinen nahmen ihn nicht auf."* (JOHANNES 1, 11) Der hatte kein Eigenheim und war immer auf die Gastfreundschaft anderer angewiesen. Er hatte kein Auto, sondern ging zu Fuß. Als Kind war er ein Flüchtling. Als Mann wollte man ihn nicht verstehen. Als Sohn Gottes wurde er totgeschlagen. Doch bevor er getötet wurde, musste er vor Gericht. Auch hier spielt dieses Gebot eine Rolle.

Vor Gericht sollst du kein falsches Zeugnis ablegen. Das achte Gebot richtet sich übrigens auch gegen falsche Zeugenaussage und gegen Fehlurteile vor Gericht. Und es verschafft dem Angeklagten das Recht auf ein richtiges Zeugenverhör. Das Gebot wird übertreten, wenn zum Beispiel ein Zeuge vor einem Gericht Sachen erzählt, die er so nicht erfahren oder gesehen hat. Es wird übertreten, wenn ein Richter aus Mitleid einen Armen bevorzugt. Es wird übertreten, wenn der Richter wegen des eigenen Vorteils auf der Seite des Reichen, des Einflussreichen steht. Es wird übertreten, wenn der Richter aus Angst um seine Karriere und sein Ansehen der Mehrheitsmeinung nachgibt.

Lasst uns jetzt doch mal in die wichtigste Gerichtsverhandlung aller Zeiten reinschauen. Die fand vor ca. 2000 Jahren statt. (MATTHÄUS 26, 57 FF) Der regierende Oberbürgermeister – damals Hohepriester – und 70 weitere hochrangige Persönlichkeiten gehörten zum obersten Gericht, dem Hohen Rat. Vor diesen Hohen Rat wurde Jesus gezerrt und das mitten in der Nacht. Das Ziel war klar, sie wollten Jesus beseitigen. Nun brauchten sie noch Zeugen, damit Jesus nach geltendem Recht umgebracht werden kann. Obwohl die Verhandlung mitten in der Nacht stattfand, standen viele falsche Zeugen bereit, um gegen Jesus auszusagen. Alles war also generalstabsmäßig vorbereitet. Beinahe wäre der Prozess in die Hose gegangen, weil sich keine zwei Zeugen fanden, die in ihrer Aussage übereinstimmten. Natürlich, die Elite handelt korrekt. Man will dem anderen ja nichts am Gesetz vorbei tun. Das Gesetz muss schon erfüllt werden. Nach dem Gesetz soll keiner ohne Zeugen vernommen werden. Und es müssen mindestens zwei Zeugen übereinstimmen, bevor man jemanden hinrichten konnte. Man nimmt es sehr genau. Die Anschuldigungen genügen noch nicht. Man will sich ja nicht dem Verdacht aussetzen, dass man es nicht genau nimmt. Doch jetzt finden sich zwei Zeugen. Was die sagen, hat Hand und Fuß. Jesus hätte einen Terroranschlag gegen den Tempel in Jerusalem geplant. Nicht mit einem Sprengsatz. Nicht mit einer Boeing. Sondern mit seinen Händen wollte er den Tempel einreißen und in drei Tagen wieder aufbauen. Wirklich, vor ungefähr zwei Jahren hatte Jesus so etwas ähnliches gesagt. Es war aber ein Rätselwort. Er hatte sich selber gemeint. Er meinte damit, dass er drei Tage nach seinem Tod auferstehen wird.

Als der Prozeß zu platzen droht, weil die falschen Zeugen für eine Todesstrafe nicht ausreichen, greift der Hohepriester zum letzten Mittel. Jesus soll auf die Anschuldigungen reagieren. Aber er schweigt. Und nun soll Jesus vereidigt werden. Deshalb steht jetzt der Hohepriester auf und sagt zu Jesus: *„Ich beschwöre dich bei dem lebendigen Gott, dass du uns sagst, ob du seiest der Christus, der Sohn Gottes."*

Da sagt Jesus: *„Du hast ausgesprochen was wahr ist."*

Die Bibel lässt uns hier ins feindliche Hauptquartier reinschauen. Falschaussagen werden gesucht, um Jesus höchst offiziell nach geltendem Recht zur Strecke zu bringen. Da ist keine Mafia am Werk. Das ist kein Abschaum. Sondern die geistige und geistliche Elite.

Jesus wurde nicht von denen verfolgt, die trinken, sich schlagen und stinken. Er wurde von denen verfolgt, die im Gerichtssaal und im Parlament das Sagen hatten. Er wird nicht von denen verfolgt, wo jeder erkennt, dass ihnen Gott egal ist. Er wird nicht von denen verfolgt, die versagt haben und nicht zurechtkommen. Jesus wird von denen verfolgt, bei denen alles wohl geordnet ist, die im Gottesdienst sitzen und die sagen: *„Ich weiß, woran ich glaube!"*

Weißt du, bei dieser Gerichtsverhandlung finden zwei Enthüllungen statt. Einmal wird hier dem Menschen die Karnevalsmaske runtergerissen. So sind wir Menschen!

Das feindliche Hauptquartier gegen Jesus ist nicht nur der Palast des Hohepriesters. Das feindliche Hauptquartier gegen Jesus ist das Herz des Menschen. Ich habe von einer Apfelsorte (Boskop) gelesen, die hat eine Eigenschaft, die dem Menschen sehr verwandt ist. Dieser

Apfel hat einen guten Geschmack. Der sieht von außen gut aus. Er beginnt aber, im Gegensatz zu anderen Äpfeln, nicht von außen zu faulen, sondern von innen. Man sieht ihm von außen lange nichts an, während er innen vor sich hin gammelt. Die Schale ist schön und glatt, aber innen hat er *„keinen guten Kern"*. So sieht die Bibel den Menschen. Der Mensch ist nicht kerngesund. Beim Menschen ist was faul, der Kern, das Herz. Und im Palast des Hohepriesters kommt das heraus. Da fällt die schöne Schale ab.

Die zweite Enthüllung ist, dass Jesus bestätigt: Ich bin der Sohn Gottes, der Retter! Und diese Wahrheit haben die Menschen damals nicht verkraftet, und diese Enthüllung verkraftet der Mensch heute auch nicht.

Wenn Jesus sagt: Ich bin der Retter, dann heißt das ja, dass jeder Mensch Rettung nötig hat. Weil im Kern was faul ist. Der Mensch ist ein Sünder und das will niemand hören.

Da sagen viele: Das kann doch nicht wahr sein. Wenn ich etwas kaputt gemacht habe, dann bringe ich es selber wieder in Ordnung. Ich brauche keine Rettung. Ich bin moralisch gut drauf. Das Gegenteil von Sünde ist aber nicht Moral. Das Gegenteil von Sünde ist ein Leben mit Gott. Er stirbt, weil er die Wahrheit ist. Aber die Wahrheit lebt, weil Jesus auferstanden ist. Und am Schluss der Weltgeschichte, wenn alle Urteile gesprochen sind; wenn kein menschliches Gericht mehr zustande kommt; wenn alle menschlichen Richter nichts mehr zu sagen haben, dann wird der Richter auf dem weißen Pferd das Sagen haben – JESUS CHRISTUS! (Offenbarung 6, 2 & 19, 11-21) Dann wird sich jeder Mensch für jedes Wort verantworten müssen.

Ich weiß, dass das nicht sehr modern ist, vom Gericht Gottes zu reden. Ich habe aber bis heute keine einzige Stelle in der Bibel gefunden, die sagt, dass unter bestimmten Umständen die letzte große Open-Air-Veranstaltung doch noch ausfallen könnte. Denn die Bibel sagt: *„Die Menschen müssen Rechenschaft geben am Tag des Gerichts von einem jeden nichtsnutzigen Wort, das sie geredet haben."* (MATTHÄUS 12, 36)

Da halte ich aber die Luft an. Gott hört also auch die Worte, die ich am liebsten wieder zurückholen möchte? Er hört Worte, die unüberlegt waren. Worte, die verletzend waren. Worte, die herabwürdigend waren. Und wer sich vorstellt, dass Gott das alles zur Kenntnis nimmt, dem wird es doch himmelangst. Dem wird es um den Himmel Angst. Der bekommt Angst, dass Gott ihn nicht mehr im Himmel dabei haben will, bei allem, was so über die Lippen kommt. Und weil Gott auch diese Angst hat, dass du dich am Himmel vorbeiredest, vorbeilügst, vorbeilaberst, deshalb hat er dafür gesorgt, dass diese Worte, die du nicht zurückholen kannst, von Jesus zurückgeholt werden. Jesus hat das alles am Kreuz zurückgeholt. Seine Liebe zu dir ist eben so groß, dass er auch für alle miesen Worte, die du bereust, am Kreuz sein Leben gelassen hat. Jesus hat selbst für die, die unter dem Kreuz standen und ihn noch mit Worten fertiggemacht haben, gebetet. Vertraue ihm doch, er vergibt auch dir, wenn du es im Gebet ihm sagst. Und dann, wenn du ihm dein Leben gegeben hast, dann fange doch an Gott zu bitten, dass er immer mehr deine Worte korrigiert, bevor sie deinen Mund verlassen.

So kannst du zum Segen für deine Mitmenschen werden.

Haste was, dann biste was!

Das neunte & zehnte Gebot

„Du sollst nicht begehren deines Nächsten Haus. Du sollst nicht begehren deines Nächsten Weib, Knecht, Magd, Vieh, noch alles, was sein ist.“
2. Mose 20, 17

Drei Jungen unterhalten sich über ihre Väter: Der erste sagt: *„Mein Vater ist Pfarrer, wenn der durch den Ort geht, dann grüßen ihn die Leute mit ‚Euer Hochwürden'.“* Der Zweite meint: *„Mein Vater ist Bischof. Den grüßen die Leute mit ‚Seine Heiligkeit'.“* Der Dritte tönt: *„Das ist alles gar nichts. Mein Vater ist Gerichtsvollzieher. Wenn der kommt, sagen die Leute: ‚Oh mein Gott!' “*

Der Neid ist eine Volkskrankheit. Und manche meinen, dagegen gibt es keine Medizin. Deshalb leben viele nach dem Motto: Haste was, dann biste was. Und das führt dazu, das manche Leute Dinge kaufen, die sie gar nicht brauchen. Diese Dinge kaufen sie mit Geld, das sie nicht haben, um Menschen zu imponieren, die sie nicht einmal ausstehen können.

Wenn Kaufhäuser mit dem Spruch werben: *„Geiz ist geil“*, dann geht es um eine Form von Gier, von Habgier. Und wer sich die Gier in sein Leben holt, der muss ständig kalkulieren und sehen, wo er Vorteile hat und so viel wie möglich rausholen kann. Wer das lange genug trainiert, wird liebesunfähig. Das kannste schon an kleinen Kindern studieren. Eifersucht und Neid sind zum Beispiel bei den erstgeborenen Kindern einer Familie am häufigsten zu finden. Zwei bis drei Jahre standen sie im Mittelpunkt der Welt. Kommt Besuch, wird das Kind be-

wundert. Und plötzlich kommt ein Geschwisterkind und das Erstgeborene wird vom Thron gestürzt. Von einem auf den anderen Tag ist das Kind seine Vorzugsposition los. Es dreht sich nicht mehr alles nur um das Kind und so kann es sogar zum Terroristen werden. Es reagiert mit Abwehr, Neid, Misstrauen, Aggression und Hass. Und manche kriegen das ein Leben lang nicht mehr los. Neid und Eifersucht gehören jedenfalls zusammen und zerstören menschliche Beziehungen. Außerdem machen sie das eigene Glück kaputt. Neid ist der Schmerz über den Besitz eines anderen Menschen. Und das führt zur Verbitterung. Wenn jemand auf dich neidisch ist, dann kannst du dir nur sagen: Neid ist die aufrichtigste Form der Anerkennung. Mehr kannste da kaum machen.

Wenn aber der Neid dich selber zerfrisst, dann bist du schon bescheidener dran. Wer vom Neid zerfressen wird, hat eine tief verwurzelte Selbstwertstörung, der hat MIKOS – Minderwertigkeitskomplexe. Er hält nichts mehr von sich selber. Wer aber zu sich und seinen eigenen Leistungen nicht *„Ja"* sagen kann, wird vom Neid zerfressen. Er ist ein Sklave. Ein Sklave des *„Vergleichenmüssens"*. Alle anderen sind hübscher, tüchtiger, kontaktfreudiger, liebenswürdiger, reicher, gesünder, begabter als ich. Neid ist eine Sucht, die das zwischenmenschliche Verhalten vergiftet.

Wenn du Robinson Crusoe wärst, wenn du alleine auf der Welt wärst, dann hättest du alles für dich alleine und könntest nehmen was du willst und genießen wie du willst. Du wüsstest nicht mal, wie *„Neid"* geschrieben wird, weil du das Gefühl nicht kennst. Du würdest mit niemandem Ärger bekommen. Nun gibt es aber viele Menschen auf der Welt. Und Gott will, dass alle leben. Deshalb setzt Gott eine Grenze wegen unserer Unersättlichkeit. Diese Grenze setzt er am Schluss der Gebote. Und die stehen in der Bibel. Dort kann man lesen: *„Du sollst nicht begehren deines Nächsten Haus. Du sollst nicht* *begehren deines Nächsten Weib, Knecht, Magd, Vieh, noch alles, was sein ist.“* Gott sagt nicht nur: Du sollst nicht unersättlich sein. Er nennt gleich ein paar Sachen, die uns am meisten zu schaffen machen. Gott ist eben in seinem Wort immer ganz praktisch, unmissverständlich und direkt. Er zählt auf: Die Frau des anderen, den Mann der anderen, das Eigenheim des anderen, die Mitarbeiter in seiner Firma, sein Fahrrad, sein Auto... eben alles, was der Nächste hat.

Bei den letzten beiden Geboten geht es um den Neid.

Und wenn ich von den letzten Geboten spreche, muss ich an den Anfang erinnern, wo Gott sagt, dass er der Befreier ist. Der Befreier aus der Sklaverei. Die letzten beiden Gebote decken nun noch mal eine Stelle in unserem Leben auf, wo wir Sklaven sind. Wir sind Sklaven und der Sklavenhalter ist der Neid. Wir sind krank und die Krankheit heißt Gier. Die ist wie ein Krebsgeschwür in unserer Gesellschaft. Das frisst sich in jedes Menschenherz und du kriegst es nicht wieder los. Bei den zehn Geboten musst du dir vorstellen, dass Gott dich durch dein Lebenshaus führt. Er nimmt dich an die Hand und geht mit dir durch jedes Zimmer. Am längsten hält er sich beim ersten Gebot auf. Da warnt er dich vor fremden Göttern, weil die dich nur kaputt machen. Er hat in jedem Zimmer die Fenster geöffnet und frische Luft und Sonne rein gelassen. Er hat sauber gemacht, damit du dich wohl fühlst. Er hat Möbel reingestellt, damit du genießen kannst. Im Schlafzimmer erklärt er das Gebot vom Ehebrechen. Das Ehren der Eltern verhandelt er mit dir im Kinderzimmer. Vom Feiertag hat er im Arbeitszimmer gesprochen und dir gleich noch das geklaute Büromaterial aus deiner Firma unter die Nase gehalten und vom Stehlen gesprochen. An die Würde des Menschen erinnert er dich im Lesezimmer, wo die Zeitung *„Morgenpest“* auf dem Tisch liegt und über Menschen herzieht. Bei den falschen Göttern steht ihr in der Garage vorm neuen hochglanzpo-

lierten Wagen, und als es ums Töten ging, habt ihr im Wohnzimmer vorm Fernseher gesessen. Das ganze Haus hat Gott mit dir durchstöbert. Jetzt ist er mit dir in einem Doppelzimmer angekommen, im neunten und zehnten. Da steht an der Tür: *„Du sollst nicht begehren deines Nächsten Haus. Du sollst nicht begehren deines Nächsten Weib, Knecht, Magd, Vieh, noch alles, was sein ist."*

Du musst hier feststellen: Es gibt also noch ein Stockwerk in deinem Lebenshaus. Es ist aber nicht das oberste Stockwerk, sondern das Unterste. Ein unterirdischer Raum wird dir jetzt gezeigt. Am Schluss geht's also in den Keller unserer Seele. Ins Unterbewusstsein. Da geht's um den Trieb. Da geht's um den Selbsterhaltungstrieb, um den Fortpflanzungstrieb und um den Herdentrieb. Es geht eben um unser Herz. Das ist unser innerster Antrieb, unser verborgener Motor. Der bringt unser Leben auf Touren und hält es in Schwung. Das ist die Freude an einem saftigen Steak und einem gutem Rotwein. Das ist die Lust beim Autofahren oder beim Sex. Oder es ist die Freude an der Arbeit und am Sonnenschein. Nun könnten wir ja Gott dafür danke sagen, dass wir diesen inneren Motor haben, der uns diese guten Gefühle gibt. Dieses Gefühl kann aber nicht nur zur Dankbarkeit werden, sondern auch zu einem ganz heißen Verlangen nach Sachen, die ich nicht habe, die ich noch nicht habe oder nicht mehr habe. Und dieses heiße Verlangen ist die Gier.

Gott fordert von dir aber ein maßvolles Leben, dass du lernst dich zu beherrschen. Normalerweise sagt der Mensch: Lebe alles aus, was Lust macht und Spaß bringt ohne Rücksicht auf Verluste. Gott sagt aber: Führe einen Kampf gegen die Unersättlichkeit und die Habgier. Du sollst nicht gegen deinen Lebensmotor ankämpfen. Du sollst nicht gegen deine Triebe kämpfen, die Gott dir als gute Gaben geschenkt hat. Du sollst gegen die Maßlosigkeit angehen. Hier ahnst du schon, dass es am Schluss der

Gebote nicht nur darum geht, den Nächsten in Schutz zu nehmen. Gott will dich vor dir selber schützen. Wer sich nämlich ohne alle Schranken auslebt, macht sich selber kaputt. Unsere Triebe brauchen Leitplanken. Wer seine Triebe nicht leitet, endet im Leid.

Ich habe mal in einem Erzgebirgsdorf gelebt. Wenn ich in die Stadt wollte, dann musste ich eine steile und kurvenreiche Straße runterfahren. Jeder, der zum Beispiel mit dem Rad da runter ist, hat seine Bremse benutzt, damit er auch in den Kurven auf der Straße bleibt und in der Stadt heil ankommt. Einer hat sie mal nicht benutzt, dem habe ich hinter der Leitplanke aus dem Wald rausgeholfen. Am nächsten Tag stand in der Zeitung, dass der junge Mann schwer verletzt war. Gott meint mit diesem Gebot nicht, dass du nicht mehr Rad fahren sollst. Gott sagt hier: *„Fahre sachte, benutze auch deine Bremse, damit du die Kurve kriegst, damit deine Lebensfahrt gelingt und du am Ziel ankommst."*

Sieht ja eigentlich jeder ein. Aber warum übertreten wir dann immer wieder dieses Gebot? Die meisten kapieren doch, dass ein abgebremstes Leben für uns und andere besser ist, aber wir lassen uns dennoch gehen. Wir lassen das Rad immer wieder so in Fahrt kommen, dass wir nicht mehr die Kurve kriegen und die Katastrophe unausweichlich ist. Das kannst du mit dem Verstand nicht begreifen. Warum ist das so? Die Bibel gibt uns da Antwort. Weißt du, wir sind nicht nur geil auf das, was dem anderen gehört, sondern auch noch geil darauf, selber wie Gott zu sein.

Nun hat Gott in jedem Menschen Hunger und Durst nach ihm eingepflanzt und nichts und niemand auf der Welt kann diesen Hunger und Durst stillen, außer Gott selber. *„...meine Seele dürstet nach dem lebendigen Gott."* (Psalm 42, 3)

Aber anstatt der Mensch zur Quelle geht und seinen Durst von Gott stillen lässt, schüttet er die Quelle

zu, haut da seinen Dreck rein oder lehnt sich gegen Gott auf.

Wir wollen Gott ins Handwerk pfuschen. Wir wollen nicht unseren Hunger und Durst stillen lassen, sondern da mitmischen, wo nur Gott was zu sagen hat. Wir haben Lust, Gott zu spielen. Wir wollen selber Gott sein und auf unserer Lebensstraße die Linie überfahren, die zwischen dem Schöpfer und dem Geschöpf gezogen ist. Schon am Anfang hat Gott die Menschen bereits auf diese Linie hingewiesen, die nicht überfahren werden darf. Das steht am Anfang der Bibel. (1. Mose 2, 16-17) Gott hatte die Welt geschaffen und den Menschen alles großzügig zur Verfügung gestellt. Alle Bäume konnten die Menschen genießen. Aber um einen einzigen Baum hat Gott einen Zaun gezogen. Das war die Grenze. Während der Mensch das Leben genießt, passiert nun folgendes. Die Schlange hat ihren Auftritt. (1. Mose 3, 1 ff) Sie ist ein Geschöpf Gottes. Sie ist ein Tier, das listiger ist als alle anderen Tiere. Sie kann sich mit dem Menschen verständigen. Es wird nicht gesagt, dass sie der Satan ist. Sie kann auch ein Werkzeug Satans sein, aber sie trägt jedenfalls die Züge, den Charakter des Versuchers. Der Versucher tritt also plötzlich auf. Ohne Vorankündigung. Ohne Satanistensymbol. Er kommt mit einem frommen Mantel bekleidet. Mit einem theologischen Gespräch fängt er an. Im Gewand der Frömmigkeit knüpft er an eine Aussage von Gott an. Er setzt hinter das, was Gott gesagt hat, ein Fragezeichen. Mit diesem Fragezeichen schraubt er an der Bremse des Rades herum. Er will die Bremse am liebsten ausbauen. Er beginnt mit einer absichtlich ungenauen Formulierung: *„Ja, sollte Gott gesagt haben: Ihr sollt nicht essen von allen Bäumen im Garten?“* Das heißt: Du sollst nicht deine Frau, nicht dein Auto, nicht deine Wohnung genießen...? Hatte Gott doch gar nicht gesagt. Da hat er doch nichts dagegen. Gott hatte nur gesagt, dass sie von einem Baum nicht essen sollen. Sie sollen nicht danach schielen, so wie Gott zu sein.

Damit fängt der Versucher ganz leise an, den Glauben an Gott zu lösen. Die Beziehung zu Gott wird ja selten dadurch abgebrochen, dass jemand plötzlich von der Kirchenbank aufsteht, Gott die Zunge rausstreckt, den Stinkefinger zeigt und geht. Die Entscheidung, ohne Gott zu leben, passiert in der Regel fast unbemerkt, und man entfernt sich auf leisen Sohlen. Ich bin überzeugt, dass heute antichristliche Ideologien und verführerische Weltanschauungen nicht so sehr die Christen verführen können wie die Medien, die ständig Einfluss auf unsere Lebensgestaltung und unser Denken nehmen. Ich will nicht sagen, dass die Medien vom Teufel sind. Wer sich aber ständig den Medien wie Internet, Fernsehen, Radio und Kino aussetzt, wird bei dieser Dauerbeeinflussung kaum bemerken, dass die Fragen nach Glauben, nach dem Sinn des Lebens immer weniger in uns hochkommen. Durch den Werteverfall in den Medien, durch einen Lebensstil mit Arbeitsüberlastung, durch die Wochenend-Spaßgesellschaft ohne Gottesdienst verabschieden sich mehr Menschen klammheimlich von Gott, als durch alle ideologischen Programme. Wer ständig Fernsehen guckt, aber nicht in die Bibel schaut, kann Gott nicht kennen lernen. Wenn die Lebensgestaltung nichts mit Gott zu tun hat, wird Gott das Leben nicht gestalten und erhalten. Und genau dort setzt der Versucher an. Mit dem Anschauen gehts los, und mit dem Zugreifen verändert sich der Lebensstil. *„Und das Weib sah, dass von dem Baum gut zu essen wäre und dass er eine Lust für die Augen wäre und verlockend...“* (1. Mose 3, 6)

Jetzt kommts also zum Anschauen. Das Anschauen ist eine wichtige Etappe, bevor es zur Habgier kommt. Die Vorbereitung passiert mit Bildern. Bilder, die dich verführen, dreckig machen oder vergiften. Die Werbung zeigt, was dir angeblich noch alles fehlt. *„Geiz ist geil“*, und dann sollst du gieren. Ist es Zufall, dass die meistgelesene Zeitung in Deutschland die BILD-Zeitung ist?

Zurück zu Adam und Eva. Die Frau schaut an. Und sie nimmt. Die Todeslinie wird übergangen. Die Bremse wird nicht mehr benutzt und die Schussfahrt beginnt. Und das hat unabsehbare Folgen. Die Schlange sagt: *„Greift nach Gott. Werdet wie Gott."* Wir gieren danach, so wie Gott zu sein. Aber wenn wir den Platz Gottes einnehmen, dann müssen wir uns um alles selber kümmern und mit allem alleine fertig werden: Mit deiner Ehe, deinen Kindern, in der Arbeitslosigkeit, wenn ein Freund an Krebs erkrankt und wenn du auf dem Sterbebett liegst. Dann muss ich alleine sehen, wo ich bleibe. Dann muss ich rausholen, was rauszuholen ist. Dann kann ich nicht vertrauen, dass es jemanden gibt, der mein kleines Leben sieht und für mich sorgt. Dann muss ich an meine eigene Kraft glauben. Und das MUSS ist Sklaverei. Und deshalb ist es wichtig zu wissen, dass Gott ein Freund der Freiheit ist. Er befreit aus der Sklaverei. Und er will dich auch von dem Geilen, nach dem was du nicht, nicht mehr oder noch nicht hast, befreien. Und dazu hat er Jesus geschickt. Jesus hat mit seinem Leben gezeigt, dass die Gier nicht nötig ist. Und als er am Kreuz umgebracht wurde, da hat er sein Leben gegeben, damit du den Kampf gegen die Gier gewinnen kannst. Damit du frei und nicht mehr Sklave bist.

Er befreit dich vom ständigen Vergleichen-müssen. Der materialistische Lebensstil verdirbt dir den wahren Lebenssinn. Bei diesem Lebensstil hast du ständig Angst.

Du hast nämlich immer Angst, zu kurz zu kommen. Diese Angst will er dir nehmen. Jesus hat die Tür zum Keller in deinem Lebenshaus aufgebrochen. Er hat den Kampf gegen die Unersättlichkeit im Keller aufgenommen. Es war für Jesus ein Kampf um Leben und Tod. Jesus ist in das Neid-Gefängnis hinuntergestiegen. So tief reicht die Befreiung vom Kreuz. Am Kreuz hat Jesus den Sieg über deinen Keller errungen. Nur der Sieg von Jesus gibt dir Kraft, den Kampf gegen die Neidgeister im Keller erfolgreich auszuhalten. Und er sagt dir, es gibt eine Gier, die ist gut für dich. Eine einzige Habgier wird dir von Jesus empfohlen. Frei übersetzt sagt Jesus: *„Giert zuerst nach dem Reich Gottes und nach seiner Gerechtigkeit, so wird euch alles andere zufallen."* (MATTHÄUS 6, 33)

Das heißt, wenn du Gott die Führungsposition in deinem Leben einräumst, dann sorgt er für dich. Du musst nicht mehr nach rechts und links gucken. Du musst nicht mehr danach schielen, was die anderen haben. Du schaust nur auf Gott und seine Sache. Und Gott schenkt alles, was dich am Leben erhält. Und deshalb kannst du anderen Menschen ihr Recht, ihre Freiheit, ihren Besitz, ihr Geld und den von Gott geschenkten Lebensraum gönnen.

Vielleicht gehörst du zu denen, die mit ihrer Familie unzufrieden sind. Die Eltern der Freunde sind großzügiger, cooler und reicher. Und du fragst dich, warum bin gerade ich in diese jämmerliche Familie geboren worden? Ich kann dir sagen, du wirst nur glücklich, wenn du den Platz annimmst, wo Gott dich hingesetzt hat. Fange dort an, mit Jesus zu leben.

Vielleicht gehörst du zu denen, die denken, dass sie den falschen Ehepartner erwischt haben. Du denkst, mit einem anderen Partner wäre ich bestimmt glücklicher. Ich muß dir sagen: An den Ordnungen Gottes vorbei gibt es vielleicht Spaß, aber kein Glück. Gib doch dein Leben mit deiner unglücklichen Ehe in die Hand des lebendigen Gottes, und du wirst erleben, dass er dich verändern kann und auch einen Neuanfang schenken kann.

Vielleicht gehörst du zu denen, die mit ihrer Karriere unzufrieden sind. Meine Schulkameraden haben bessere Abschlüsse. Die anderen haben es schon viel weiter gebracht als ich. Ich sage dir, du wirst erst mit dir zufrieden, wenn du dein Leben mit Jesus lebst und dich von ihm führen lässt und seinen Plan für dein Leben annimmst.

Vielleicht gehörst du zu denen, die früh am liebsten nicht in den Spiegel schauen. Du kannst dich nicht ausstehen und findest dich unansehnlich. Manche sagen: Ich bin zu dick, habe zu viele Pickel, bin zu wenig begabt, mich liebt so keiner. Du solltest wissen, Jesus liebt dich wie du bist, nicht wie du sein möchtest. Keiner wird bei ihm benachteiligt. Für jeden Menschen hat er sein Leben gegeben. Er liebt dich nicht wegen deiner Qualitäten. Er liebt dich, weil es dich gibt. Wenn du das dankbar annimmst, kannst du dich und deine Stärken und Schwächen annehmen.

Und dann lenkt Jesus deinen Blick auf das, was Gott dir schenkt. Du sollst ein dankbares Herz haben. Dankbarkeit ist das wirksamste Gegenmittel gegen den Neid. Wer dankbar ist, wird hellhörig für die tausend guten Sachen, die von Gott kommen und dir Freude machen. Und dann kannst du beten: *„Herr ich habe es satt, mir den Hals zu verdrehen und jedem Trugbild nachzugaffen. Ich drehe mich nicht mehr um. Ich gönne meinem Nacken Ruhe."*

Vergiss bitte nie, Gott will, dass es dir 10x besser geht, wenn du die zehn Gebote hältst. Gott will dein Glück! Und dieses Glück ist wie ein Maßanzug. Unglücklich sind die Menschen, die den Maßanzug eines anderen Menschen tragen möchten. Deshalb rate ich dir: Nimm den Maßanzug an, den Gott dir geschneidert hat. Und das geht nur, wenn du es ihm sagst.

Diskographie Lutz Scheufler

CD Ist doch alles gut – oder?
1991 S.D.G.-Verlag

CD Wahre Helden
1994 S.D.G.-Verlag

CD „Bringt ihn mir lebend!“
Scheufler LIVE mit Band
1995 S.D.G.-Verlag

CD Im Regen tanzen

1998 S.D.G.-Verlag

CD Namibia

2002 S.D.G.-Verlag

CD irgendwie & irgendwann

2003 S.D.G.-Verlag

CD Ostwind-Festival
2003 S.D.G.-Verlag

CD Dr. Blues
2004 S.D.G.-Verlag